사랑하는 사람은 늙지 않는다

빛나는 시 100인선 · 072

사랑하는 사람은 늙지 않는다

장석영 시집

인간과문학사

◦ 시인의 말

 첫 시집을 낸다. 오랜 인고忍苦 끝에 내는 시집이어서 애착이 남다른 것 같다. 많은 분들이 그렇겠지만, 특별히 나에게 있어 시詩를 쓴다는 것은 참으로 아름다운 일이다. 노년에 이르기까지 이렇게 시를 생각할 수 있다는 것은 정말 행복한 일이기 때문이리라. 하지만 이 기쁨과 행복은 오랜 고뇌를 통해서 이뤄진 것이기에 더욱 값진 일인지 모른다.
 달고 맛있는 과일은 그만큼 인고의 시간을 보냈기에 가능하다고 한다. 인생도 단 과일 맛처럼 순도를 유지하려면 먼저 자신을 제어할 수 있는 마음이 있어야 할 것이다. 그런 의미에서 보면 흩어져 버린 자세를 다스릴 수 있는 것이 시가 아닌가 한다. 기쁘기도 하고 슬프기도 한 그 많은 일들을 즐거움으로 승화시킬 수 있는 지혜를 나는 나의 시에서 구해 오고 있다고 해도 과언이 아니다.
 시는 때론 나에게 마음의 노래가 되기도 하고, 추운 겨울 나를 감싸 주는 따뜻한 외투가 되어 주기도 한다. 또한 시를 통해서 세상을 아름다운 존재로 느끼게 하는 힘이 되기도 한다. 그래서 시를 생각하고 백지에 옮기는 순간순간은 나에게 시간을 잊는 시간이 된다. 말하자면 영원으로 통하는 시간이기에 나의 숭고한 종교도 되고 음악도 된다.
 나는 창작創作의 시간이야말로 내가 아름답게 살고 있다는 것을 확인하는 시간임을 믿고 있다. 언제나 나는 인생을 사랑하듯이 시를 사랑한다. 아니 인생보다도 더 많이 사랑하는 것 같기도 하다. 그래서 시의 소리에 항상 귀를 기울인다. 거기서 아름다운 음률을 듣고 기억했다가 글로 옮긴다.
 이 시집을 내는데 많은 수고를 해 주신 인간과문학사 관계자 여러분께 고마운 뜻을 밝혀 두고 싶다. 아울러 나의 아내와 가족들에게도 '사랑한다'는 말을 전한다.

2017년 12월
장석영

접속

차례

시인의 말

제1부 축복

저녁 바다　14
산책　15
축복　17
어머니　19
가을 점묘　21
나팔꽃　23
어머니의 한가위　25
봄·1　27
봄·2　28
봄·3　30
봄비　32

제2부 비 오는 날이면

비 오는 날이면　34
아내　36

서재書齋 38
민들레 40
입춘立春 42
산·1 44
산·2 46
산·3 48
산·4 50
산·5 52
진달래꽃 53

제3부 향수

갈대밭에서 56
감꽃 57
어머니의 설날 58
한 해가 저무는 길목에서 60
겨울 산·1 62
겨울 산·2 64
겨울 산·3 66
어머니의 무덤 앞에서 69
다람쥐 71
봄이 오는 소리 73
향수 76

제4부 밤의 연가

내려놓게 하소서 78
한강 80
단비 82
밤의 연가 84
연꽃 86
여름 끝에서 부치는 편지 88
가을이 오고 있습니다 90
밤이었으면 좋겠다 92
새해 아침의 소망 93
나무의 일생 96
봄을 기다리는 마음 98

제5부 물망초

눈꽃 세상 102
이별 연습 104
채석강彩石江에서 105
허수아비 107
소나기 109
앵두 110
가을 나무 112

물망초 113
오두막집 114
바람 부는 날 115
늦가을 117

제6부 행복에 이르는 길

고향 120
바람 122
바닷가를 거닐며 123
빈자리 125
계절의 경계선에서 126
행복에 이르는 길 128
세월 130
아침 131
찔레꽃 피면 132
굴비 신세 134
해당화 136

제7부 석양

동학사에서 138

석양　140
꽃무릇 사랑　141
아침을 여는 기도　142
카페　144
인생은 즐기는 것　146
물망초 사랑　147
삶의 지혜　148
당신이 있어 행복합니다　150
코스모스　151

제8부 가을 편지

신선놀음　154
여름날 저녁 풍경　156
노을　158
보리밥 추억　160
장미꽃 사랑　162
가을 편지　163
창밖에 비는 내리는데　165
가을비　167
헌시獻詩　169
시인의 언덕에 올라　171
돌아오지 않는 세월　173

제9부 사랑하는 사람은 늙지 않는다

작은 행복　176
사랑으로　179
봄소식　180
아침 산책　182
지하철 정거장에서　184
여름날의 오후　186
무제　188
오월　189
약속　190
사랑하는 사람은 늙지 않는다　191
감사 일기　193

● 장석영의 시세계
장석영 시의 두축 - 기독교시의 새 지평을 위한
│유한근(문학평론가 · 전 SCAU대 교수)　195

1부

축복

저녁 바다

출렁이는 동해 바다
이글대던 붉은 해
수평선 너머로 서서히 가라앉는다

고깃배 몇 척
바다 저쪽으로 사라진다

앞 다투어 날아들던 갈매기들
바닷물에 세수하고
어디론가 떠나 버린다

갑자기 적막해지는 저녁 바다
이따금 철썩대는 파도 소리
교향곡 되어 울려 퍼진다

바다는 모래밭에서
깊은 사색에 잠긴다

산책

초여름 이른 아침
대공원 숲길을 걷는다

숲은 촉촉하다
나무는 고요하다
공기는 달디 달다

새들은
깊은 잠에 빠진 듯
도무지 기침할 생각을 않는다

나무는
이따금
자기 어깨 너머로
비껴드는 햇살과
침묵의 소리로 속삭인다

햇살은
잠시 눈을 부시게 하더니
이내
아침이슬 속에서 부서진다

길 따라
언뜻언뜻
피어오르는 는개
그 사이를 말없이 걷다 보면
마음은 잔잔해지고
어느새
숲은 내 안에 있고
나는 숲 속에 있다

축복

당신의 그윽한 눈빛은
사랑입니다
따뜻한 미소로
사붓이 맞아 주시고
세상 빛 되시어 밝혀 주시니
가는 곳마다 사랑입니다

당신의 넓은 가슴은
푸른 초장입니다
길 잃어 방황타 돌아와도
흔쾌히 받아 주시고
품에 안겨 쉴 수 있게 하시니
행복합니다

당신의 들찬 두 팔은
생명줄입니다
사나운 바람 몰아쳐도

굳게 잡아 주시고
차마 놓칠세라 힘껏 안아 주시니
감사합니다

당신의 향기로운 말씀은
진리입니다
은혜의 생명수로
가득 채워 주시고
순례길 친구 되어 동행해 주시니
온 맘과 정성 들여
당신을 찬양합니다

이 세상
당신의 오심은
축복입니다
내 인생의 축복입니다

어머니

빛바랜 흑백사진 한 장
어머니 화갑華甲 때 찍은
손바닥만 한 낡은 기념사진

고운 원삼圓衫 예복에
족두리 쓰시고
병풍을 뒤로 하고
잔치상 앞에 앉으신 인자한 모습
아스라한 추억 속을 헤매게 합니다

생전에
주님은 모르셨지만
몸소 이웃사랑 실천하시며
남의 눈에 눈물 흘리게 하지 말고
착하게 살라고 당부하시던 말씀
아직도 귓가에 생생합니다

하지만 지금은
아무 말씀도 없이
애오라지 이 아들 걱정에
한시도 눈 못 떼시고
조용히 바라만 보시는
사진 속 어머니
따스한 당신의 품안이
더욱 그리워지는 밤입니다

가을 점묘

내 방 창문 아래
목청 큰 귀뚜라미
가을이 깊어 간다고
온종일 노래한다

떡갈나무 갈색 잎 하나
푸득푸득 나는
가을 새 날개 짓에
깜짝 놀라 떨어진다

골목길 돌아 나온
여린 가을바람
노랗게 물든 감나무 잎에
단풍 잔치 초대장 써서
반쯤 열어 놓은 창문 안으로
날려 보낸다

나도 이참에
내 편지
사랑하는 마음 가득 담아
스쳐 불어오는
빛깔 고운 바람에 실어
그 님께 보내 볼까

나팔꽃

　우리 동네 공원 모퉁이에 나팔꽃 한 그루가 예쁜 꽃을 활짝 피웠다
　며칠 전만 해도 장미나무를 바지랑대 삼아 꼬여 올라가더니만
　오늘 아침에는 가냘픈 줄기에 두 세 개의 종까지 매어달고
　구름 한 점 없는 맑은 하늘에 푸른 종소리를 퍼낸다

　나팔꽃 덩굴손은 더 이상 꼬일 것이 없어 보이는데도
　허공을 감아쥐고 기댈 곳을 찾아 헤맨다
　시간이 지나면 줄기 마디마디에선
　또 다른 새 꽃이 금방 돋아날 것이다
　이따금 바람이 불지만 줄기는 세 갈래 잎을 매단 채
　흔들거리거나 스러질지언정 땅에 눕는 법이 없다
　생명의 기운이 철철 넘쳐나는 모습이 헌거롭게 보인다

나팔꽃은 꽃봉오리가 막 벙글 때가 예쁘다
하지만 나팔꽃은 하루살이 꽃이다
아침에 꽃 한 송이 피었다가 저녁이면 그 꽃 한 송이 진다
아무리 새 꽃을 피워 올려도 소용없다
그래서 꽃이 활짝 피어 있으면 금세 질 것 같아 두렵다

사람도 저마다 꽃을 피웠다가 진다
지는 방법이야 각기 다르겠지만 그래도 한 번은
이 세상을 향하여 사랑의 종을 울리고 진다면
얼마나 좋을까 나팔꽃처럼!

어머니의 한가위

그해 한가위에도
당신은 하루에 열두 번은 더
대문을 향해 두루미처럼 목 길게 뽑고
객지에 나가 있는 자식이
귀성하기만을 기다리셨습니다
막차마저 놓치고
시오리 길을 걸어
밤늦게 고향집에 당도하면
빚던 송편도 한쪽으로 밀어 놓고
공부하느라 힘들었을
이 아들의 어깨를
어루만져 주셨습니다
밤새 짓궂게 내리던 가을비 뚝 그치고
뽕나무밭 등성이로 비껴드는 햇빛이
한층 찬란한 이튿날 아침
서둘러 상경길에 오르면
늘 그러하셨듯이

신문지로 만든 봉지에
삶은 계란과 밤을 담아
가다 먹으라며 손에 꼭 쥐어 주시곤
눈시울을 붉히셨습니다
이제 그만 들어가시라 해도
동구 밖까지 따라오시며
차마 발길을 떼지 못하는 내게
되레 차 시간 늦겠다며
어서 가라 재촉하시던 어머니
그리고 이듬해
별들이 뜨락에 내려와 놀고 가던 날
함께 하늘나라로 떠나셨습니다
가을 햇살보다 더 따사로운
그 손길
오늘따라 무척 그립습니다

봄 · 1

대지에는 초록색 풀
나무에는 초록색 잎
세차게 불어오던 바람
갑자기 부드러워진다

열려진 창문 저쪽
하늘과 꽃망울 사이
날아온 참새 한 마리
자기 혼자라고 생각했는지
꽃나무를 못살게도 군다

내 마음 이렇게 설레임은
감미로운 향내 풍기며 달려온
봄기운 때문일까

아아! 봄은 정녕
부드러운 속삭임으로
우리 곁을 찾았나 보다

봄 · 2

그대는
상냥하고 밝은
아침 햇살 같고

그대는
조용히 솟는
깨끗한 샘물 같다

새색시처럼
설레는 가슴 안고
종종걸음으로 온 봄

그리운 연인같이
사랑의 밀어를
속삭이는 그대

나는
그대를 호흡하면서
살포시 입맞춤을 한다

봄 · 3

봄이
저만치 오신다기에
서둘러
마중을 나간다

산수유
노랗게 꽃망울 터뜨리고
찔레 애순
하늬바람에 슬며시 고개 내민다

담장을 에워싼 넝쿨장미
겨울 옷 벗어던지고
백목련의 수줍은 눈웃음
해맑기만 하다

산기슭에선
진달래 샐쭉이 웃고
개나리들 수다 떨 때
갯버들도 기지개 켠다

앞산 너머로
불어오는 솔바람
눈이 시리다

봄비

겨울 눈 온데간데없고
하늘 가득
봄비는 남으로부터
대지를 촉촉이 적셔 온다

연둣빛 옷으로 갈아입은 산자락
아지랑이 아른거릴 때
진달래는 꽃불을 놓고

성급히 만개한 벚꽃
피난 듯 스러지는 사이
봄비는 내 가슴 둑을 넘쳐난다

2부

비 오는 날이면

비 오는 날이면

비 오는 날이면
단절된 인연을 잇기 위해
두렵고 겸허한 손길로
까맣게 세월을 태우고 싶다

비 오는 날이면
또 다른 인연을 찾아
말 없는 영혼의 대화로
지극한 사랑을 나누고 싶다

비 오는 날이면
잿빛 하늘 아래서
기나긴 방황의 날갯짓을 접고
무언의 속삭임을 듣고 싶다

비 오는 날이면
잃었던 푸르른 사랑을 향해
찬란히 흐르는 그리움 따라
그렇게 계속 걷고 싶다

아내

장바구니 움켜쥐고
휭하니 집을 나서는
아직은 꼿꼿한 아내

생활의 편린 같은
발자국 남기고는
다녀온단 말 한마디 없다

손에 쥔 돈이
부족해서일까
아니면 노여움 같은
물가 때문일까
하루가 다르게
주름살만 느는 것 같다

그래도 돌아오는 길에는
꽃나무 하나 사 들고 와
식목행사 가지잔다
그래 삽자루 곧추 잡고
분갈이 하고
우리 부부 정성
듬뿍 뿌려 주니
학교서 돌아온 손녀
하는 말 집안이 다 훤하단다

서재 書齋

남쪽으로 난 창을 열면
방안으로 몰려드는
맑은 아침 공기
창 너머에선
깊은 잠에서 막 깨어난
나무들의 기지개 켜는 소리

사방이 온통
책으로 둘러싸여
겨우 책상 하나에
의자 두 개
그리고
벽면에 걸려 있는
고난 받으시는 예수님 그림

비좁은 방이지만
책 냄새가 좋아

방 안에 들어서면
언제나
그대로 눌러앉아
나만의 시간을 만끽하는
유일한 쉼터

어쩌다
지그시 눈을 감고
내일을 위해
생각을 가다듬다 보면
창천蒼天을 향해 비상하는
한 마리 새인 양
마음은 벌써
주님 곁에 와 있네

민들레

마을 어귀 길섶에
홀로 자란 민들레

어느 물 좋고 공기 맑은
두메산골에서 살다가
어쩌다 이 시멘트 냄새나는
아파트 숲까지 이사 왔을까

기나긴 사연 안고
외롭게 살아왔기에
유난히 슬픈 눈빛
고독의 몸짓에서
순수함이 배어난다

오늘 따라
은빛 아침이슬로 머리 빗고
하아얀 모시 치마 저고리

날아갈 듯 차려입은
곱디고운 흰 넋
청초한 여인의 자태이런가

허나,
밤새 이별의 진한 슬픔으로
촉촉이 젖어든 눈망울
내 마음까지 적시곤
아무 기약도 없이
별자리만큼 머나먼 길
바람결 따라 떠나려나 보다

이 누리 어디를 가든
달빛처럼 고운 마음 간직하고
깨끗한 빛과 소리로만
아름다운 꽃 피워다오
나의 민들레

입춘 立春

차가운 눈
매화 속에 사라지고
연한 녹색 빛 버들가지
돌아온 마파람에
가늘게 떤다

따스한 햇살 받아
다시 소생하는
잔디의 탄성이
모락모락
아지랑이로 피어오르는 봄

겨울은 이미
먼발치로 맴돌다
스러졌어도
뼛속 더 시린 건
입춘만 믿고

따뜻한 속옷
벗어낸 때문인가
마음 서둘러
봄 마중 나선 탓인가

산 · 1

산은
밤에만 자라나 보다
낮에는 사람들의 말 상대되어 주며
불어오는 세찬 바람 품 안에 안고
새들의 보금자리 살피느라
잠시도 마음 놓고 쉴 틈 없이 바쁘다

산은
어둠이 깔리기 시작하면
하늘 아래 뫼임을 알고
겸손히 무릎 꿇어
하늘을 우러러본다
그리고 조용히
그 넓은 가슴 열어
상처받은 영혼들 보듬어 안고
포근한 잠자리되어 준다

산은
이른 아침 맨 먼저 일어나
상쾌한 아침 공기 내보내며
세상 속으로 뛰어나와
넓은 자락 펼쳐
그곳에
우리들 옹기종기 모여
더불어 살게 복 준다

산 · 2

산은
오랜 세월 육중한 바위가 되어
그 자리에 버티고 앉아
밤낮 드높은 하늘 머리에 인 채
밤이면 수많은 별들과
세상 이야기 나누고
가슴 속 켜켜이 쌓여 있는
나그네의 애환도 말끔히 씻어 준다

산은
바람 따라 놀러온
구름도 쉬게 하고
상쾌한 공기 온 세상에
흩뿌려 노래한다

산은

꼭두새벽부터 일어나 앉아

높은 하늘 아래서

스스로 몸을 낮춰

겸손과 인내를 가르친다

산 · 3

봄빛을 가슴에
흠뻑 적시고 있는 산

겨울이 물러가면서
오는 봄 목덜미
제 아무리 잡아당겨도
봄은 어느새 슬며시
모퉁이를 돌고 돌아서
내 곁에 와 있었다

숲 속을 이곳저곳 날아다니는
이름 모를 산새들
이따금 계곡물에서
봄 치장에 요란하다

정상에 올라
가슴의 숨 내뿜으면
눈부신 햇살 찾아와
내 마음을 어루만진다

산 · 4

산은 세상을 품어 안는다
뫼 부리에 걸린 구름
앞이 막혀 더는 움직이지 못한다

계곡은 아침 일찍
떠들썩하게 세수하며
환하게 웃는다

산은 봄이 성큼 다가오면
산자락 두 팔로 안고
겨우내 지켜온 생명들
세상 밖으로 내보낼 것이다

여기저기서
싱싱한 목숨들
불쑥불쑥 고개 내밀고
나뭇가지들 쭉쭉 팔 펴

기지개 켠다

새들은 겨울잠에서 깨어나
파아란 하늘을 높게 날아오르며
마파람 불어오는 소식 전한다

주님이 지으신
삼라만상이
참으로 아름답다

산 · 5

산은 먼동 틀 무렵
신선한 몸부림으로
아침을 연다

산새들 이슬로 세수하고
해돋이 향해 가슴 펴면
깃털 사이로 비껴드는
찬란한 아침 햇살

진달래꽃

따스한 사랑으로
가슴에 안기는 봄

인고忍苦의 기나긴 세월
누구에게 하소연할까

안으로 삭였던
핏빛 사랑
토해 내는 진달래꽃

3부

향수

갈대밭에서

겨울이 성큼 다가왔음을 알 수 있는 것은
어쩌면 쌀쌀해진 날씨나 차가운 하늘이 아니라
은빛으로 출렁이는 갈대밭 때문인지 모른다

바람에 이리 쏠리고 저리 쏠리기를 계속하는
갈대의 흔들림은 어딘지 애잔하고 쓸쓸해 보이지만
그 흔들림의 반복 속에서 시나브로 평안을 얻는다

어찌하면 그것은 오늘도 삶의 모진 광풍 속에서
금방 쓰러질 듯 흔들리면서도 꿋꿋이 이겨 나가는
그래서 더욱 아름다운 우리네 삶과 같지 않을까?

감꽃

먹구름 몰려와
장대비 내리던 날

뒤란 장독대에
감꽃 하나 떨어지고

뒷산 깊은 골
뻐꾸기 울음소리
시집간 누이 생각난다

어머니의 설날

어머니는 언제나
우리들의 설날을 빚어 주셨습니다
섣달그믐밤 잠자리에 일찍 들면
눈썹이 쉰다는 말씀에
설날 아침상을 준비하시는
어머니 곁에서
잔뜩 졸린 눈을 비비면서
밤을 지새웠습니다.

그믐치 소리를
흰떡으로 빚어내시던
어머니의 손놀림은
마치 도깨비방망이 같았습니다.
찹쌀가루를 반죽하고 소를 싸서
경단이며 주악을
만들어 내는가 하면
무쇠로 만든 번철에 기름을 바르고
갖가지 전을 부쳐 내셨습니다.

불이 잦아드는 화롯불 가에서
내가 마른 침을 꿀꺽 삼키면
어머니는 썰던 떡 한 조각을
얼른 건네 주시고는
"귀여운 손자가 먼저 먹는다고
어른들이 역정이야 내시겠느냐"며
빙긋거리셨습니다.

어머니가 밤새도록 빚어 놓은
설날 아침, 바깥마당에서
내가 만든 방패연을 하늘로 날리면
행주치마를 두른 채 달려 나와
연이 높이 오르도록
두 손 모아 기도하시던
당신의 고운 모습,
이제는 지는 해만 보아도
어머니, 당신의 얼굴이 겹쳐집니다.

한 해가 저무는 길목에서

저마다
바삐 돌아가는 세밑
뒤바람 속
한 해가 새하얗게 다시 저문다

시기와 질투
모략과 중상
갈등과 증오
온갖 저주들의 굿판이 벌어지던 거리
모두 물로 씻은 듯 깨끗이 물러가고
용서와 사랑의 물결로 넘쳐나게 하자

풍요로운 내일을 꿈꾸는
온 민족의 소망을 품고
한겨레 역사의 물길은
저 넓은 희망의 바다를 향해
잠시도 쉬지 않고 도도히 흘러간다

한숨과 비탄이 쏟아진 시대는
환희와 기쁨이 넘치는 세상으로 바뀌고
그래서
함박꽃 같은 웃음이 절로 터져 나오는 날들이
우리들 앞에 당당히 찾아오리라

오욕汚辱의 한 해여
어서 떠나라 영원 속으로
그리움만 길게 남기고

저 멀리 제야除夜의 종 울리면
거대하게 물결쳐오는
새 역사의 큰 물줄기
이제 대망의 기축년己丑年 새해가 열릴 것이다

겨울 산 · 1

가지마다 줄줄이 매달렸던
연초록 목소리들
온데간데없고
된바람에 잔뜩 웅크린 나무들
오들오들 몸을 떤다

울창하던 숲은 벌거벗은 채
나직한 목소리로 나를 부르고
재잘대던 새들은
집 밖으로 머리조차 안 내민다

응달진 바위 위엔
겨울이 잔설을 움켜쥔 채
바싹 달라붙어 있다
이따금 쏴아~ 하며
불어오는 뒤바람 소리
귓전을 때린다

앙상한 가지 붙잡고
능선에 일렬로 늘어선 나무들
파아란 하늘에 어깨 들썩이다가
해님 하늘 높이 올라가면
이내 봄 마중 채비에 바쁘다

북새에 먼지 낀 귀 닦아 내고
석간수 한 모금 가슴 씻어 낸다
그리곤 수북이 쌓인 낙엽 깔고 앉아
욕심 없는 자연 풍광에 취해
지나온 나날들
조용히 반추할 수 있다는 것
이 또한 창조주의 은혜 아닌가

겨울 산 · 2

살아 있는 것들은 모두
숨을 죽이고 있는 계절
산은 얼어 구름도 흐르지 않는다

너무 깊어 눈이 없는 계곡
고독하다 못해 감미롭다

눈을 들어 보니
쓸쓸한 능선은
뽀얀 상고대로
생기를 불어 넣는다

하산길에 만난
떡갈나무 숲
낙엽이 수북이 쌓여
호젓한 것이 낭만적이다

두꺼운 얼음 아래로 흐르는 개울
옆으로 난 빽빽한 전나무 오솔길
겨울에도 긴 삼림욕을 한다.

겨울 산 · 3

잣나무 숲에 눈이 내렸다
나무 마다 머리에 희끗 희끗
눈발이 쌓였다
마치 나의 머리에 쌓인 흰 머리칼처럼

햇살은 잣나무 어깨 너머로 비껴든다
숲은 고요하다
가끔 된바람이 쏴아~ 하고 숲을 흔든다
나무 냄새가 향긋하다
푸른 하늘
하얀 구름
길은 진흙길
울퉁불퉁한 것이
우리 학교 역도 선수 근육질 같다

숲속으로 들어가
눈길을 걸으면

발밑에서 개구리 울음소리가 난다
한참 걷다 보면
눈이 머릿속으로 들어와
가슴 속까지 채운다

길은 눈이 되고
눈은 길이 된다
길은 목 속으로 들어왔다가
몸 뒤로 사라진다
길은 내가 되었다가
내가 다시 길이 된다

눈길은 끝이 없다
발길을 멈추면 길은 끝난다
다시 발을 떼면 길이 된다

바람은 앞으로 가는 나를 막고

나는 그 바람을 머리로 들이밀고
한 발짝씩 나아간다
발은 아늑하고 편안하다

후드득
이름 모를 새 한 마리
눈꽃을 털며 날아간다

정상에 올라
가슴 펴고
세상의 풍진 긴 숨 내뿜어 몰아내고
발아래 펼쳐지는 아름다운 풍광
용서와 사랑을 배운다

어머니의 무덤 앞에서

어머니
당신이 보고 싶어 왔습니다
당신과 이야기하고파 왔습니다
어머니
언제나 인자하시던 우리 어머니
당신의 막내아들
어느새 백발이 성성하여
당신을 찾아왔습니다

한식도 저만치 가버린 오월
쪽빛 하늘은
산굽이에서 서성대고
청보리밭 종다리
하늘 높이 날아갑니다

어머니
당신 곁에 누워

당신의 옷자락 대신
잔디를 쓰다듬어 봅니다
당신의 목소리 대신
풀벌레 소리에 귀를 기울입니다

어느덧 저녁노을이 또 집니다
당신의 무덤에
당신의 아들이
당신의 사랑을 찾아 왔습니다

다람쥐

청계산 옥여봉 오르는 길
다람쥐 한 마리 숲 사이로
발을 딛고 일어서더니
두 손 번쩍 들고
나를 반갑게 맞이한다

그런데 웬일인지
잔뜩 겁을 먹은 듯
눈알을 굴리며
두 손을 비빈다
무엇을 잘못했을까
아니면 먹을 것을
달라는 신호인가

나는 먹던 땅콩을
몇 알 던져 준다
다람쥐는 냉큼 받아먹고

다시 나를 바라본다
다람쥐와 나는
금방 친구가 되어
또 만날 날을
기약하며 헤어졌다

봄이 오는 소리

지팡이 앞세우고
용문사龍門寺 오르는 길

빈 들 언저리마다
살포시 내려앉는 훈풍 따라
청아한 텃새들 노래 소리 퍼지고

겨우내 얼어붙었던
땅 속에서
땅 위에서
인고忍苦의 시간 보낸 생명들
봄이 오는 소리에 놀라
목 길게 빼고
사위를 두리번거린다

잔설이 움켜쥐고 있는 계곡
얼음장 밑으로

맑은 물이
실뱀처럼 스르르 몸을 풀고

일렬로 늘어선 버들강아지
금빛 은빛 햇살 모아
보송보송 하얀 솜털 오른다

봄은 그렇게 예쁜 발걸음으로
성큼 다가와 기지개 펴고
큰 소리로 외친다
우리네 세상살이에도 봄은 온다고

그래,
얼마나 기다렸던 봄인가

콩닥거리는 가슴 주체할 수 없어
한동안 얼음처럼 서 있는데

구름은 바람 없이 못가고
인생은 사랑 없인 못산다는
진리의 말씀
천년의 향기 따라 흐른다

향수

시간은 가고
기억은 쌓인다
잃어버린 시간의 기억을
누가 추억이라 했나
향수란
잃어버린 시간에 대한
추억이자 그리움인 것을
상처나 슬픔조차도
지나간 것이기에
아름답고,
생의 근원에 대한 동경을
일깨워 주는 고향
마음의 고향은
늘 그렇게 잃어버린
시간에 자리하고,
향수는
잃어버린 시간을
찾아가게 하누나

4부

밤의 연가

내려놓게 하소서

주님,
내가 붙들고 있던 것들을
십자가 앞에 내려놓음으로써
당신이 예비하신
즐거움과 회복을 경험케 하소서

나의 생명이 귀중하다 할지라도
당신께서 원하신다면
나로 하여금 당신을 위해
사용할 수 있도록 도와주소서

나의 재능을
어려운 이웃을 위해 쓰게 하심으로
그들을 행복하게 하시고
나아가 세상에 기여하게 하소서

내가 가진 재물은
남을 돕는 일에 더 많이 쓰게 하시고

나 자신을 위한 이기적 목적이나
쾌락을 위해 쓰지 않도록 하소서

나의 시간이 처음부터 끝까지
당신께서 주신 것임을 알게 하시고
착하고 선한 일에만
지혜롭게 사용하도록 도와주소서

배움이 있어야 부족함을 알게 되고
가르침이 있은 후에야
모자람을 알게 된다고 하오니
나 스스로 배움에 열중하고
자기 계발에 노력하게 하소서

쓸데없는 세상일에는
마음을 주지 않고
이웃을 사랑할 줄 아는
따뜻한 마음을 늘 간직하게 하소서

한강

푸른 물빛으로 출렁이면서
솟는 태양을 가슴으로 안는 한강

태백의 수원에서 흘러
수많은 격랑의 물굽이를 치며
달려온 너!

그렇게 힘든 여정에도
한마디 말도 없이
태초의 아침 햇살에
부스스 눈 비비는 철새들을
무등 태우며 낮은 목소리로
새벽을 깨운다

멀리 는개가 피어오르는
산등성이를 돌고
때론 하얀 포말을

만들어 춤추고

산 그림자의 반가운 인사에도
아랑곳하지 않고
모르는 척 지나오는 사이
어느새 밤 자락이
너를 감싸 안는다

단비

가물어 메마른 땅에
단비가 내립니다

빈 들의 마른 초목들
반가운 빗소리에
밤새 춤을 춥니다

축 늘어진 오곡백과들
다시 소생하니
농부의 기쁨
강물같이 흐릅니다

피어나던 꽃들과
노래하는 작은 새들
높고 크신 주의 은총에
감격합니다

해와 달 그리고 별들도
아름답게 빛나며
주를 찬양합니다

주여
갈급한 우리 심령 위에도
생명의 단비 부어 주소서
그리하여 새 생명 주옵소서

밤의 연가

밤은 고요합니다
마치 잔잔한 바다와 같이
기쁨과 슬픔
사랑의 고뇌가
한데 어울려
느릿느릿 물결칩니다

희망은 흐르는 물결 따라
고요히 바다로 향하고
여기가 어디쯤인가
여린 가슴으로는
알 수가 없습니다

별들은 잔잔한
밤하늘을 수놓고
내 마음 속에
별자리 찾아 놓고

당신과 함께 뜨겁게
사랑의 밀어를
속삭이라고 재촉합니다

연꽃

해오름 시간
어스름 속으로
여명이 부챗살처럼 번지면
밤을 지킨 연꽃 봉오리
스스로 벙근다

소담스레 피어난
연분홍 꽃잎
겹겹으로
영롱한 아침 이슬 머금고
혼탁한 세상 향해
수정처럼 고운 미소 보낸다

고해의 진흙 속에서
인내의 뿌리 깊게 내리고
늘 청정한 자태로
고운 꽃 피우기에

너는 신비로운 영혼

그 참되고 선함 속에서
깊고 맑은 향기 퍼내면
이 풍진 속세를 떠나
선경에 온 듯 황홀하여
침묵의 대화만 나눈다

여름 끝에서 부치는 편지

지난여름 대추나무는 무사했습니다
세 차례의 태풍에도 대추알은
결코 떨어지지 않았습니다

여름 끝에서 대추나무는
태풍의 한가운데 있었습니다
유례없는 강풍에 내몰렸지만
바람이 흔드는 대로
넘어졌다가 다시 일어났습니다
대추알은 바람이 심하게 불면
있는 힘을 다해 가지에 매달렸습니다

여름도 이제는 철지난 모시옷처럼
시야에서 멀어져 갑니다
당신의 여름은 어떠셨는지요

두어 평 남짓한 삶의 자리에 서 있는
대추나무에서 대추알은
지금 탐스럽게 익어갑니다
그 여름 끝에서 강풍을 견딘
귀한 눈물 때문일 것입니다

이 가을엔
부디 태풍의 여름 끝을 치러낸
세상 모두의 합창이
울려 퍼지길 기원합니다

가을이 오고 있습니다

계절의 끝에서 시작 사이
어디론가 훌쩍 떠나고 싶은 마음은
나만의 감정은 아닐 듯 싶습니다
그래서 왁자한 삶의 현장을 벗어나
무작정 기차에 올랐습니다

저물녘 열차에 올라
차창 밖을 물끄러미 바라봅니다
그곳엔 우리가 사는 도시를 에워싼
산들 너머의 파아란 하늘이 빛났습니다

손가방에서 작은 수첩을 꺼내
창밖의 풍경을 담아 나갑니다

귓가에 베토벤의 전원 교향곡이 들립니다
전원의 평화로움과 자연의 아름다운 풍경에 이어
폭풍우가 몰려오더니 비가 그친 아침의 찬란한 햇살

상쾌한 대기가 감사의 고백처럼 울려 퍼집니다

차창 밖 풍경은
폭염과 태풍의 여름을 치러낸 세상 모두가
환희의 합창을 부르고 있습니다

기차는 푸른 바다가 보이는 간이역에 도착합니다
끝없이 반복되는 파도 소리
하늘을 선회하는 갈매기 떼들
맑고 상쾌한 바닷바람이
나그네를 반갑게 맞이합니다

철길 옆 화단에 핀 코스모스가
가을바람에 흔들리고 있습니다
가을이 오고 있습니다

밤이었으면 좋겠다

언제나 밤이었으면 좋겠다
모든 것이 고요히 잠든 가운데
달빛만이 찾아와 속삭이는
밤이었으면 좋겠다

모든 것이 소리가 되어
귀 기울이면
저편에 흐르는 아름다운 찬양
모든 시간이 평화로운
그런 밤이었으면 좋겠다

이젠 거의 잊혀진
그 옛날 아름다움이
꿈이 되어 나타나
까맣게 태우는
밤이었으면 좋겠다

새해 아침의 소망

새날이 왔다
이글이글 솟구치는 해
힘차고 꿋꿋하다

갈등과 반목의 시간들
모두 버리고
서로서로 보듬어
더불어 상생하는
아름답고 포근한
세상을 꿈꿔 보는
희망찬 새해다

우리는 이제
지난해에 있었던 온갖 상처들
눈물 같은 골짜기에서
일어난 죄악들
모두 불살라 태우고

새로운 모습으로
새 아침과 함께
다시 태어났다

새해야 부디
세상 모든 사람들이 꿈꾸는
희망찬 세상아
너도 꼭 그렇게
고운 해님처럼 오거라

그리고
삼백예순다섯 날
우리의 삶이
주님의 구원으로 말미암아
나아지고 있다는 믿음
일어서고 있다는 믿음
넓고 큰 세상을 향해

가고 있다는 믿음
이웃을 더 사랑하게
되리라는 믿음 가운데
살아가게 해다오

나무의 일생

때론 나무가 꽃보다 아름다울 때가 있다
화려하지 않지만 평생을 자신이 뿌리내린
그 땅을 떠나지 않는 절개가 존경스럽다

삶의 치열한 경쟁 속에서도 봄부터 가을까지
잎 틔워 꽃 피우고 열매 맺어 단풍 들 때까지
군자처럼 의젓함이 얼마나 훌륭한가

실낱같은 가지 끝에도 빠뜨리지 않고
수분과 영양분을 보내 매일같이 잎이 자라게 함이
아기에 젖 물린 어미의 모습이어서 숭고하기까지 하다

여간해선 비바람에도 눕지 않고
넘어져도 다시 일어나는 불굴의 정신
사람들이 배울 만하지 않은가

한겨울 인고의 시간 보내도 봄이 되면
한 마디 불평 없이 새 생명 탄생시키기에 바쁘니
자연의 섭리에 따름이라

질서 또한 정연하여 어느 것 하나
남의 땅 차지하려 들지 않고 저마다 뻗은
가지와 몸을 바로 세우고 일생을 살아간다

우리네 인간들도 나무처럼 인내하고
질서 있게 더불어 산다면 얼마나 좋을까

봄을 기다리는 마음

따스한 마파람 등에 업혀
봄이 저만치 오신다기에
서둘러 들녘으로 마중 나갔다가
바람에,
봄은 지금 어디쯤 오시냐고 물었더니
아직은 남녘에 머물러 계시단다

우수 경칩이 내일 모레인데
왜 거기서 머뭇거리느냐 했더니
그곳서,
개나리 진달래 꽃망울 틔우고
한달음에 올라갈 터이니
조금만 더 기다려 달란다

하는 수 없이 발길을 돌리는데
나무들은 수런대기 시작하고
덩달아 새소리 물소리 높아지니

벌 나비,
짙은 복사꽃 향기 찾아
모여들 날도 머지않은 듯하다

아희야,
어서 우리도 봄놀이 가서
화전花煎 부칠 채비나 서두르자꾸나

5부

물망초

눈꽃 세상

아침에 일어나 창문을 여니
온통 하얀 눈꽃 세상입니다.
산수유 노랗게 꽃망울 터뜨리고 있는 삼월
겨울이 눈꽃으로 하얗게 피어났습니다

목화꽃보다 더 흰 눈송이들
나뭇가지 위에, 검은 아스팔트길 위에
밤사이 사뿐 사뿐 내려 앉아
천상의 선경처럼 온 누리를
아름답게 수놓았습니다

햇빛이 시려워 시려워서 피어난 꽃
그 가슴 벅찬 눈꽃 세상이
겨울 동화 속으로 초대합니다

하늘거리는 눈꽃 송이마다
은은한 종소리 날리고

산새들의 노래 소리 들려오면
창백한 그리움도 뭉게뭉게 피어오릅니다

메마른 창공에서 움터 피어난
천사 같은 하늘의 꽃이기에
이 세상 무거운 짐 진 자들의
상한 마음까지 어루만져 줍니다

어느새 순백의 꽃물결은
텅 빈 내 가슴에도
연인처럼 살포시 다가와
송이송이 웃음꽃을 피어냅니다

이별 연습

만나면
언젠가
반드시 헤어진다는
이치
산 자라면
누군들 모르겠냐만

살아가는 것
자체가
이별의 연습인데

찬란한 태양
바라보며
두 줄기 눈물
하염없이
흐르는 까닭은……

채석강彩石江에서

반질반질하다 못해 영롱한 빛의 돌
닭이봉 아랫도리를 절벽으로 감아 돈다

서해 바닷물이 억만년 어루만져
다져 놓은 단단한 것이
수천만 권의 책이 되어 켜켜이 쌓여 있다

출렁이는 물결무늬 바윗돌은 흑진주다
강 절벽 밑 바닷물이 들락거려 다듬었나 보다

발밑의 파도 소리 간지럽게 밟히는 사이
봄 햇살 지글대고, 저 멀리 수평선의 는개
아슴아슴 번진다

바다와 하늘의 경계 분명하지 않지만
반짝이는 물비늘에 눈이 시리다

고슬고슬한 바람 불어오면
파도는 해변 조약돌을 도담도담 토닥인다

낚싯배 한 척 잔물결 장단에 졸고
멀리 수평선 너머 해가 내려앉는다

갑자기 붉은 홍시 바닷물에 잠기자
바다도 덩달아 붉고, 하늘도 붉고,
산도 붉고, 나도 붉다

허수아비

한여름 이삭도 패지 않은 논에
철딱서니 없이 서 있다고
웃지들 마라
지난 가을
내가 지킨 낟알들이
이렇게 싹이 터
구물구물 크고 있지 않은가
봄날 노란 병아리 떼처럼
쑥쑥 자라고 있구나
아름다워라
천지사방에 가득한
이 불끈불끈한 생명의 기운
하나의 낟알이 썩어
피워낸 고귀한 꽃들
저 가로수 길을 걸어가는
사람 꽃들을 보라
나는 허수아비

아비는 때로 자식을 위해
한여름 뙤약볕 아래서
허수아비가 되어야 한다
그래야 비로소 진정한 아비가 되느니

소나기

검은 구름 한 떼로 몰려와 소나기 쏟아붓자
기승을 부리던 무더위 빗길 따라 사라진다

집 주위 풀이며 나무에 상쾌한 바람 불어오니
푸르른 신록의 향기가 코끝을 자극한다

북쪽으로 난 창문 활짝 열어젖히고
책상에 앉아 시집 한 권 들어 읽으니
긴 여름날 시간 가는 줄 모른다

진종일 시원한 바람 흰 머리카락 날릴 때
감미로운 감촉 혼자 누리기 아깝도다

창작에 여념 없는 글방 친구라도 불러
이 청량한 기분 나누어 볼까나

앵두

어렸을 때 우물가엔 앵두나무 두어 그루 자랐다
해마다 이맘때면 구슬 같은 앵두가 열렸다
익어 빨간 앵두는 농익은 아낙의 요염 그 자체

한가한 대낮, 동무들과 살금살금 다가가
가지를 후려잡고 몇 알 따려 할 때면
어디서 나타났는지 요놈 게 섰거라 하던
동네 할아버지의 서슬 퍼런 호령에
줄행랑쳤고, 그날 우린 입맛만 다셨다

세월이 흘러 찾은 고향의 우물가
나뭇가지 잡아 앵두 따려던 아이들도,
불호령을 내리던 긴 수염의 할아버지도,
우물가에서 도란도란 얘기 나누던 처녀 총각도,
휘어지도록 열매 맺던 늙은 앵두나무도,
이젠 온데간데없고 잡초만 무성하다

하지만 끈질긴 생명력의 위대함으로
옛 뿌리에서 나온 젊은 앵두나무엔
오늘도 빨갛게 익은 앵두가 주렁주렁하다
마치 후손들이 대를 이어 나가듯이

가을 나무

보고 싶은 사람 있어
마을 뒤 언덕에 올라

강물 한 번 바라보고
먼 산 바라보니

울긋불긋 비단옷 입은
빛 고은 가을 나무들

너울너울 춤추며
어서 오라 손짓 하네

그리곤 빠알간 물감 같은
눈물을 뚝뚝 흘리며

이 생명 다하도록 지켜 준
하늘에 감사하네

물망초

가슴에 새겨 둔 노래 있어
까아만 하늘 바라보며
별을 세어도
파랗게 아파오는 가슴

별빛 그리운 반딧불 되어
오솔길 따라 날아간 곳
그곳서 못다 부른
슬픈 노래 흐른다

잊지 못해 돌아선
그대 마음
내게로 달려와
비틀거리다 잠들면
포근히 감싸 안으리라

오두막집

산속에
집을 짓고 싶습니다

그 집을
가을 숲속의 오두막집이라
불러도 좋습니다

나는 그 집의 주인이 되고
토끼와 사슴과 새들의 친구가 되며
가을꽃들의 임자가 되렵니다

산간 숲속의 오두막집
그 집의 주인이 되려고
산으로 가렵니다

가을 숲속의
오두막집,
그 집의 주인이 되고 싶습니다

바람 부는 날

날은 춥고 쓸쓸하다
찬바람은 그치지 않는다
나무들은 앙상한 가지를 부여안고
한 번씩 스쳐가는 겨울바람에
대지를 향해 드러누웠다가
다시 일어나기를 반복한다

인생도 춥고 쓸쓸하다
차가운 바람은 그치지 않는다
몸은 앙상한 팔다리에 의지하고
한 번씩 스쳐가는 겨울바람에
넘어지지 않으려고
안간힘을 쓴다

바람 불어 슬픈 가슴이여
힘을 내라
겨울 지나고 봄이 오면

매서운 바람 물러가고
훈풍 불어와 꽃을 피워내듯
인생의 춥고 쓸쓸한 날
또한 지나가는 것
참고 견뎌라
따뜻한 세상 오리니

늦가을

가을비 추적추적 내리는 늦가을 오후
거리는 뒹구는 낙엽들의 묘지가 된다

조금은 음산한 느낌마저 들어
발걸음 빨리하면 빨리할수록
가을은 재빨리 앞서가려 한다

나는 웃는 낯으로 가을을 불러 세우고
따뜻한 손으로 어루만지며
내 품안에 안겨온 가을의 어깨를 감싸 안는다

6부

행복에 이르는 길

고향

추억은 지나간 시간의 선물이련가
되돌릴 수 없는 시간이
인간을 위로하는 방법인가

행성의 궤도처럼 돌아가는 시간 속에
추억의 때가 되면
사람들은 어김없이
그곳을 떠올리며 과거를 끌어안는다

한낮의 더위가 여전한 9월
달력 한 쪽에 붉게 인쇄된 숫자들
그곳에 추석이란 시간의 이정표가 있다

그때를 보며
그곳 앞에 우두커니 서 있으면
그리움의 기차는
한동안 떠나 있던 곳으로 달린다

반겨줄 친지와 동무가 있는 고향,
그 길은 그래서 생각만으로도 행복하다

아무리 바쁘고 팍팍한 세상이라도
가슴에 고향의 둥근 보름달이
서서히 떠오르기를 빌고 또 빈다

바람

나무 잎을 바라본다
잎이 흔들리면서 바람이 지나간다
하지만 바람은 눈에 보이지 않았다

문풍지에 귀를 기울인다
문풍지가 소리를 내면서 바람이 지나간다
그러나 바람은 눈에 보이지 않았다

나무 잎이 흔들리는 것을 보았고
문풍지의 소리를 들었지만
바람은 실체를 결코 보이지 않았다

누구도 바람을 본 사람은 없었다

바닷가를 거닐며

해는 지고 저녁별 빛나는데
어디선가 부르는 맑은 목소리
바다는 거품 없이 잔잔하고
이따금씩 바위에 철석대기만 한다

황혼에 울려 퍼지는 저녁 종소리
그 뒤로 잦아드는 어둠
내일이면 떠나야 하는
이별의 슬픔 아는지

바다는 회색이고
먼 육지는 먹빛인데
노란 반달은 산 위에 떠 있다

잔물결은 둥근 고리를 이루며 뛰어오르고
나는 바닷가를 거닐며
젊은 날의 추억에 젖는다

바람은 따스하고
해당화는 짙은 향기를 보낸다
바닷가 상점들
앞다투어 불을 켜고
상인들의 걸쭉한 목소리
기쁨과 기대로 심장 뛰는 소리처럼 들린다

그 너머로
바다는 차츰
고요히 잠에 빠진다

빈자리

나비가 바위에 앉는다
날아간다
그 자리에 발자국이 남아 있지 않는다
내가 앉아 있던 의자
이 자리에도 내가 떠나면
아무 것도 남아 있지 않는다
내가 살다간 이 자리
나의 아무 것도 남아 있지 않겠지
인생은 짧고
예술은 길다고 하지만
내가 가고 나면
나의 시들도 그것으로 끝나고 말 것이다
호수에 구름이 잠겼다
가고 나면 그 자리에 남는 것이 없듯
모두 그런 것이 아닐까

계절의 경계선에서

입추에 이어 처서마저 지나면서
아침저녁으로 가을의 정취 느끼려 해도
한낮은 뜨거운 여름날의 연속

밤새 내린 가을비
장미꽃 봉오리에
함초롬히 내려앉아 있는 사이
무르익은 고추잠자리
앞다투어 하늘로 날아오르고

태양이 하늘 높이 머물러 있는 동안
사과는 더욱 홍조를 띠워가고
대추는 붉은 선혈을 머금기 시작한다

눈 시린 하늘 저 멀리
흰 구름 한 조각 흐르면
푸른 대낮은 계절의 경계선에서

잠시 절정의 휴식을 취한다

이제 태풍 몇 개 왔다 가면
산야는 금방 금빛으로 흔들거릴 것

해는 날마다 짧아지고
강물은 여물어 가는 가을소리에
젖은 손 내밀어 세상을 적시며
골고루 생명의 숨결을 나누어 주겠지

그리하여 들꽃은 피어나
가을을 아름답게 수놓을 것이다

행복에 이르는 길

가을을 찾아 산으로 갔다
숲길에 다다르자 카톡에서
'카톡'하고 문자가 왔음을 알린다.
사위가 고요해서인지
신호 소리가 유난히 크게 들린다
전화기를 열었다
친구가 보낸 '행복에 이르는 길'이다
가던 길을 잠시 멈춘다
보낸 문자를 읽어 내려간다

"귀로는 남의 잘못을 듣지 말고
눈으론 남의 약점을 보지 말며
입으론 남의 허물을 말하지 말자
나는 귀하다고 생각하면서
남은 천하다고 생각지 말자
나의 용맹만을 믿고
남을 가볍게 여기지도 말자"

이것이 행복에 이르는 길이란다
좋은 글이다

위를 쳐다본다
하늘은 높고 푸르다
흰 구름 한 점 유유히 흐른다
나뭇가지 사이로 청설모 한 마리
분주히 돌아다닌다
숲길 따라 갈바람 불자
나뭇잎들이 속삭인다
우리 모두 행복하게 살자고

세월

날아갔다
커피 잔에 커피가 증발하듯
그렇게 세월이 증발했다

다시 해가 지고 달이 뜨고
이것만 되풀이되고 있다
이 소음의 세상
삶보다 더 진하다

날이 밝으면
지축을 흔드는 소문들이
들려올 것이다
그러나 모두 한낱 독백이다

세상 모든 것이 독백이듯
나도 독백으로
세상을 산다

아침

아침을 기다리는
까닭은
새로운 태양이
떠오르기 때문이다

내게
새로운 소망을
가져다주는 까닭이다
새 삶을 살아갈 수 있다는
희망 때문이다

여태껏
듣도 보도 못했던
파랑새 한 마리
날아올 것 같은
기대 때문이다

찔레꽃 피면

태양이 눈부신 오월
푸른 숲길을 따라 거닐다 보면
나지막한 산허리
여기저기 찔레꽃
덤불로 피어
짙은 향기 피워냅니다

산속 멀리서 들려오는 뻐꾸기 소리
왠지 마음은 설레고
흐르는 흰 구름 바라보며
잠시, 그리운 옛날로 돌아갑니다

어린 시절,
우리 누나 시집가고
어머니 손잡고 외가에 가던 날
찔레꽃 곱게 피는 언덕에 올라
당신은 찔레 순 꺾어 주곤

"찔레꽃 필 무렵엔 딸네 집에도
안 간다"며 눈시울을 붉히셨지요

꿈마저 시들어 버린
가난했던 시절이었지만
어머니는 늘 하얀 찔레꽃처럼
인자한 미소를 잃지 않으셨습니다

가냘프게 피어난 찔레꽃
가까이 다가가 보니
맑게 웃는 어머니 얼굴입니다
향기를 맡아 봅니다
숨 막힐 듯 강열한 것이
어머니 살 냄새와 같습니다

당신은 언제나 순박한 아름다움
어머니, 당신이 그립습니다

굴비 신세

아내를 따라 시장에 갔다
수산물 코너에 이르니
새끼줄에 줄줄이 꿰어 있는
굴비란 녀석들이
소금에 절여진 눈알로
멍청이 쳐다본다
자린고비라 하여
못살던 옛날
천정에 매달아 놓고
바라만 봐야 했다던 그들이 아닌가
이젠 살기 좋아져
시장에 가면 늘 만날 수 있지만,
출생지를 속이는 상인들 때문에
마음 아파하는 사람은
우리네 소비자들뿐
나는 오늘만은 속지 않겠다며
한 놈 한 놈 이리저리 뒤척여 보았더니

신세타령을 하던 굴비란 놈의 말,
고향만은 틀림없으니 의심하지 말란다
한 두름 사려 했으나
세월호 참사를 일으킨 죄인들이
오랏줄에 묶여 있는 것 같아
발길을 돌리고 말았다

해당화

흰모래 십리길
사뿐사뿐 걸어간 발자국
그 흔적 따라가다 보면
점점 붉어지는
해당화의 순정

7부

석양

동학사에서

은선 폭포 휘감고
불어오는 바람은
찬란한 단청 추녀 끝
풍경소리로
하얗게 울고

밤새 내린 비로 넘치는
계곡물 소리 들으며
숲 사이 작은 길 따라
팔자걸음 걷는 동안
산사 뒷담
이끼 낀 기와 위에선
까만 눈 청설모가
한낮을 졸고 있다

시간 속 따라 흐르는
햇빛 물결 타고 중생들
줄지어 몰려들어도
허리 굽은 늙은 노송은
늘 넉넉한 미소로 맞는다

석양

석양이 아름다운 것은
그대의 마음이 아름다워서이고
석양이 붉은 것은
그대의 마음이 정열적이어서입니다

석양이 잔양殘陽을 남김은
그대를 잊지 못해서이고
석양이 지평선 너머로 숨는 것은
내일, 그대를 위해
태양으로 떠오르기 위해서입니다

꽃무릇 사랑

한 마디 고백도 하지 못하고
슬프게 맞은 이별이지만
마침내 붉디붉은 꽃으로 피어났구나

그토록 기나긴 세월
그리워 그리워서
속세에 다시 태어났지만
영원히 이룰 수 없는 사랑이란다

숨바꼭질 같은 운명이기에
그 붉음이 더없이 가엾은
꽃무릇 사랑

잠시 햇빛 머무는 사이
긴 속눈썹
토해 내는 선혈은
산등성이를 붉게 물들이고
가을은 슬픈 사랑을 보듬는다

아침을 여는 기도

오늘 하루 제가 만나는 모든 이들을
미소로 맞을 수 있게 하소서
제 말에서 향기가 나게 하시고
저의 행동에 겸손이 있게 하소서
제 기준대로 남을 판단하지 않게 하시고
작은 것들을 소중히 여기게 하소서

제 마음 깊은 곳에 타인에 대한 이해와
따뜻한 사랑의 힘을 갖게 하시고
누구도 미워하거나 시기하지 않게 하소서
남에게서 받기보다는 언제나 남에게
주기를 좋아하는 마음을 갖게 하소서

오늘 하루 목마른 이들에게
샘물 한 잔과 같은 위로를 줄 수 있게 하시고
마음이 상한 자를 스쳐 지나지 않게 하시며
도움이 필요한 이를 외면하지 않게 하소서

외로운 이의 친구가 되게 하시고
소망을 잃은 이에게 소망을 전하게 하시며
사랑이 필요한 이에게 사랑을 줄 수 있게 하소서
제가 만나게 되는 모든 이들을
당신이 바라보는 눈길로 바라볼 수 있게 하시고
그들이 저를 통하여 당신의 사랑을
마음껏 느낄 수 있게 하소서

영혼 깊은 곳에서 울려나오는 찬미가
들꽃의 향기처럼 세상으로 퍼지게 하시고
오늘 하루 제 마음으로, 행동으로,
언어로 그려진 그림들이 아름다운 그림으로
당신께 드려질 수 있도록 도와주소서

카페

그 카페의 소녀는
예전의 그녀가 아니었습니다

따사로운 숨결
상냥한 속삭임
빛나는 눈
균형 잡힌 자태
그리고 곧게 뻗은 다리
예전 소녀의 모습이었습니다

감미로운 목소리
향긋한 입술
보드라운 손
그리고 한결 풍만해진 가슴으로
변한 지금의 모습은
그녀에게 세월이란 훈장이
붙어 있는 것 같았습니다

언제나 미소 띤 얼굴로 다가와
커피와 과자를 놓고 갈 때
풍겨주던 청초한 빛깔은
이젠 더 이상 볼 수 없습니다
꽃봉오리라는 매력이
중년이라는 열매를 맺었기 때문입니다

인생은 즐기는 것

인생을 너무 어렵게 생각하지 말자
심오하다거나 거창하게 생각지도 말자
당신은 철학자가 아니잖은가

인생은 그냥 한바탕 축제와 같은 것,
그러니 하루하루 있는 그대로 즐기면서 살자

매사를 너무 힘들이지 말고 쉽게 살아가자
예술은 길고 인생은 짧다고 하지 않는가
그 짧은 인생,
살아가는 순간에 즐기고 만족하면 된다

놀이터에서 숨바꼭질하는 아이들을 보라
그들은 누가 술래가 된들 상관하지 않는다
그저 함께 뛰어놀고 있는 순간을 즐길 뿐이다
그게 인생이다

물망초 사랑

산책길에 물망초를 만났습니다
맑은 물 흐르는 옹달샘
파아란 하늘색 물망초
외롭게 피어 있습니다
가냘픈 바람결 따라
밀려온 물결
살며시 입맞춤하면
꽃잎은 부끄러워 멀어집니다
나를 잊지 말아 주세요
연인의 마지막 말
가슴에 깊이 새기고
다음 생애에 다시 만날 것
기약해 봅니다

삶의 지혜

가을 산행에 나섰다
은행나무가 커서 유명한
산사의 숲길 초입에 이르자
나무에 매단 스피커에서
흐르는 은은한 목소리
상쾌한 아침 공기를 가른다

"같은 물이라도
뱀이 마시면 독이 되고
젖소가 마시면 우유가 된다
똑같은 종이라 해도
생선을 싸면 비린내가 나고
향기를 싸면 향내가 난다

태산이 안개에 가렸다고
동산이 될 수 없고
참나무가 비에 젖었다고
수양버들이 될 수 없다

박에 검은 줄을 친다고
수박이 될 수 없듯이
걸레를 빤다고 해서
행주가 될 수는 없다"

이것이 세상 이치이니
자연의 섭리에 순응하는
'삶의 지혜'가 필요하단다
모두 지당한 말씀이다

가던 길을 재촉한다
비 온 뒤라 계곡물 소리 힘차다
산 중턱에 이르니
벌써 숨이 찬다
산새들이 지저귄다
마음이 차분해진다
지혜를 얻어서일까

당신이 있어 행복합니다

당신이 늘 함께한다는 사실만으로도
이 세상은 더 없이 황홀합니다

당신과 한세상 살아갈 수 있기에
내 생애는 행복의 연속입니다

하늘이 무너지고 땅이 꺼진다 해도
당신만 있다면 아무 걱정이 없습니다

당신이 나와 함께 있기 때문에
오늘도 나는 삶을 살 수 있습니다

당신이 이 세상에 존재한다는 것,
내가 살아가야 할 이유입니다

나는 당신을 진정으로 사랑합니다
당신이 있어 행복하기 때문입니다

코스모스

포도가 까맣게 익어가고
밤송이 눈을 뜰 때면
산모퉁이를 돌아 나온
바람은 들판을 달린다

강가에 흐드러지게 핀
코스모스
서로 마주 보며
까르르 웃어 댄다

하지만
그렇게 비틀거리다
언제 겨울로 사라질지

불어오는 갈바람에
몸은 다 찢긴 채
머리를 내밀어

우주를 헤맨다

그래도 살아 있는 동안
먼 산 바라보고
또 보고
그냥 웃기만 한다

8부

가을 편지

신선놀음

하얀 머리로 깊은 산속 텃밭에서
한가롭게 홀로 담박한 삶을 즐긴다

앞으로는 계곡물 소곤소곤 흐르고
뒤로는 울창한 숲 그늘 드리우니
맑고도 그윽하다

채소를 가꾸며 잠시라도
세상 잡다한 생각 떨쳐 버리면
온갖 시끄러움 전혀 없다

하늘에선 단풍잎 하나 내려와
맑은 약수 한 잔 마시라 권하고
시 한 수 읊으니 새도 함께 노래한다

해질녘 가을꽃 둘러 핀
농막 마루에 신문지 펴고 드러누워

하늘과 바람, 별을 벗 삼아
유유자적하니 이게 신선놀음 아닌가

여름날 저녁 풍경

어둠이 깃들기 시작한다
하루해가 저문다
새들도 둥지로 들어가야 하는 시간
땅거미는 점점 짙어가고
사람들은 바쁜 하루를 마감한다

집들은 하나둘씩 불이 켜지고
작은 불빛들은
밝은 해의 몫을
조금씩 나누어 가진다
밤하늘에 별들이 반짝이고
빛은 어둠 속에서 생명을 얻어
활력을 찾는다

깜박이는 불빛들이 정겹다
아득히 먼 곳까지
저녁 어스름이 그리움처럼

깔리는 여름날 저녁
스며드는 어둠은
산을 진하게 칠하기 시작한다

초록의 산들이 점점 짙어진다
저녁 공기가 아직 후덥지근하다
바람이 잦아지자 숲은 고요하다
새소리도 들리지 않는다
어둠이 깔리는 마을도
정중동의 숲도
모두 평화롭다

노을

온 누리를 밝게 비추며
식을 줄 모르는 열기 뿜던 해
저만치 비껴 기운다
겹겹이 펼쳐진 산봉우리
마주한 바다
서쪽 하늘이 서서히 붉어진다
한 뼘 정도 남은 해
붉은 함성 토해 낸다
홍조 띤 소녀의 볼처럼
하늘빛이 곱구나
엷은 구름마저 그 빛을
감당할 수 없나 보다
노을은 바람의 흔적 따라
고요를 물들이고
산도 바다도 그 빛에
서서히 물든다
출렁이는 바닷물 위에 비친 빛

물결 타고 천천히 번져가고
느리게, 느리게 이어지는
현악기의 선율처럼
내 마음도 낙조에 젖는다

보리밥 추억

해마다 이맘때쯤이면
애호박 썰어 넣고 순두부에
얼큰하게 된장 풀은 다음
가마솥에 펄펄 끓여 놓고
보리밥에 고추장 떠 넣은 뒤
놋쇠 젓가락으로 비빈 후에
찬 얼음 둥둥 띄운
오이지 물김치를 반찬으로
땀 뻘뻘 흘리며 삼키는 맛
요즘 도회지 사람들 알기나 할까

6·25 아침 태극기 무궁화 바라보다
민물 게장에 토하젓 반찬
멸치젓에 절인 김치 상에 올리고
날된장에 풋고추 찍어 먹으며
때깔 고운 감 장아찌 곁들여
보리밥에 찬물 부어

말아 먹는 시원한 맛 상상하니
아무리 세월이 많이 흘렀어도
그때 그 시절 잊지 못해
침 삼키며 입맛 다시네

장미꽃 사랑

내 사랑은 유월에 피어난
한 송이 빨간 장미꽃입니다

내 사랑은 유월에 부르는
새들의 아름다운 노래 소리입니다

당신은 정녕 학처럼 고고합니다
나는 당신을 장미꽃 정열로
저 넓은 호수의 물이 말라 버릴 때까지
변함없이 사랑할 것입니다

지금은 비록 고난의 긴 터널을 지날지라도
내 하나뿐인 당신을 위하여,

아무리 어두운 밤길이라 해도
당신이 있는 곳이라면
나는 빨간 장미꽃을 들고 달려갈 것입니다

가을 편지

하아얀 종이 위에 가을 편지를 씁니다
수줍어 말 못한 이야기들
사랑 가득 담아 곱디곱게 써 내려갑니다
노오란 봉투엔 가을꽃 한 송이
예쁜 단풍잎 하나
연분홍 빛 추억까지
정성껏 담겠습니다
가슴 저리도록 보고픈 마음에
가을꽃 우표를 골라 붙이고
빠알간 우체통에 넣어
당신께 보내려 합니다
반갑게 받아 주세요
오늘처럼 가을비 오시는 날
'편지요'하는 소리에
설레는 마음으로
가을 편지 받아들고
해맑게 웃음 짓는

당신 모습 보고 싶습니다
그땐 내 마음에도
가을꽃이 만발하겠지요

창밖에 비는 내리는데

창밖에 비는 내리는데
사분사분 구슬프게 비가 내리는데
내 마음엔 눈물이 흐른다

가슴속에 파고드는
이 슬픔과 괴로움은 무엇일까

거리에도 지붕 위에도 내리는
빗소리의 하모니가
그저 답답한 내 마음을 달래줄 것인가

울적한 마음을 따라
까닭모를 눈물이 흐른다
웬일일까 아무도 미워하지 않았는데
이 슬픔 어디에서 오는 것일까

이건 진정 까닭 모를
가장 서글픈 마음의 상처
사랑도 미움도 없는데
내 마음 한없이 슬프구나

가을비

한낮의 더위 한창이더니
가을을 재촉하는 비가 내립니다

그녀의 긴 생머리
고운 머릿결처럼
예쁘기도 합니다

청초한 코스모스는
연둣빛 미소를 지으며
가녀린 손을 흔듭니다

이 비 그치고 나면
바람은 차츰 차가워지고
나뭇잎들은 갈색 미소를 지으며
홀로 깨어 이슬에 젖을 것입니다
그리고는 화려했던 일생을
낙엽으로 마감하겠지요

흩날리는 낙엽
쓸쓸함만이 가득한 거리
사람들은 옷깃을 세우고
북녘에서 부는 바람
몸으로 부딪치며
겨울이 오는 것을 느낄 것입니다

차갑고 싸늘한 날씨에
마음마저 얼어 버리면
서럽고 힘든 사람들
눈물조차 흘릴 수 있을까

헌시 獻詩

남과 북의 격전지 화천
한반도 모형 비목공원 그 한가운데
슬프고 애잔한 나무 십자가
낡고 녹슨 철모는
조국수호의 아픈 숨결 간직한 채
평화가 오는 날만을 헤아린다

백척간두百尺竿頭의 운명 속에
피비린내 나는 전투의 현장에서
오직 나라를 지키기 위해
고귀한 생명 아낌없이 바치신
아, 거룩한 넋이여!

산 넘고 물 건너
38선 따라 벌어진 격전의 현장마다
맑은 하늘 뒤덮은 뿌연 포성 속에
피 흘리며 의롭게 산화散華하신

아, 젊은 넋이여!

그 영혼,
이제 그 날의 함성과 포성 멎었으니
여기 고원에서 비목碑木으로나마
부디 영면하소서

시인의 언덕에 올라

산길 굴곡 나무 계단을 따라
시인의 언덕을 한달음에 오르면
이미 절로 앞이 탁 트인 것이
시원한 계곡 바람을 타고
서울의 아름다운 풍광
한눈에 담는다

인왕산 자락으로 흘러내린 자리
하늘과 바람과 별이 함께한다는 그곳
청년 시인의 힘찬 맥박 소리 들리는 듯
나는 한가로이 모자 벗어 들고
지긋이 석양을 바라본다

도심의 거리마다 차들과 행인들
옅은 운무 속에 바삐 오가고
한가로운 산책길 거니는 사람들

침묵하고 사색하는 동안
여름은 그렇게 조용히 지나가고 있었다

---

* 시인의 언덕 ; 서울 종로구 청운동 윤동주문학관 뒤로 펼쳐진 인왕산 자락의 산책로를 따라 오르는 곳. 시인 윤동주는 연희전문 재학 시절 종종 이곳에 올라 시정詩情을 다듬곤 했다.

돌아오지 않는 세월

한 번 가 버린
세월은
다시 돌아오지 않습니다

내 아름답던 시절
그 마음에 끈을 매어
하늘로 날려 보낼 땐
다시 돌아오리라 생각했습니다

하지만 그 마음은
돌이 되어
다시 돌아오지 않았습니다

남쪽으로 난 창문을 열어 놓고
강남 갔던 제비 돌아오기를
기다리듯이 기다려도
그 곱던 시절

그 마음은

영영 돌아올 줄 모릅니다

9부

사랑하는 사람은 늙지 않는다

작은 행복

청계산 원터골 오르는 초입 다리 밑엔
연일 아침 일찍부터 저녁 늦게까지
난장이 열려 성시를 이룬다

촌로와 아낙들을 위해
특별히 터놓은 이 장엔
배추 무 쑥갓 등 잎채소부터
가지 오이 고추 등 열매채소와
밤 대추 무화과 등 없는 게 없다

손바닥만 한 좌판을 펼쳐 놓은 아낙들은
지나가는 등산객을 놓칠세라
힐끗힐끗 쳐다보며 맛이나 보라며
깐 밤과 불그스레한 대추를 건네준다

들이나 산에서 채취한 산나물이나
손수 기른 콩나물 등 찬거리를 팔 때는

살이 통통 찐 콩나물 천 원어치에
인심까지 듬뿍 담아 주고

시금치나 열무를 다듬어 내놨다가
조금 시들은 듯하면
물 뿌려 살려 놓고는 파장 때처럼
떨이 떨이하며 외쳐 댄다

등산객들도 이 모습을 보곤
고향의 흙냄새 풍기는
포근한 향수를 느낀 듯
발길을 쉽게 돌리지 못한다

어쩌다 푸성귀라도 한 단 팔면
할머니는 얼마 되지 않는 돈 몇 푼을
세고 또 세어 보면서 허리춤
주머니에 구겨 넣고는 환하게 웃는다

그 웃음 속에서
손주들에게 간식거리와 용돈을 주는
작은 행복이 섞여 나온다

사랑으로

마음을 끌어안아
짙은 공허 속
하늘을 우러러보았지요

삶이라는 작은 언덕에서
서로를 위해 가슴 아파하며
마음을 나눌 때
우리는 깊은 사랑을 느끼지요

어느 날
당신의 웃는 모습 떠오르면
그저 손을 내밀어
그 웃음에 답례하지요
그리곤 당신을 위해 기도하지요
오직 사랑으로

봄소식

소한小寒에서 대한大寒을 거쳐 입춘까지
내내 한파를 몰고 오던 바람
어느새 훈풍으로 변하여
봄 채비로 부산한 들판을 휘감는다

하늘은 오늘 아침
회색빛으로 물들이곤
보송보송한 눈발을 날리더니
남녘으로부터 맑아 오기 시작한다

숲길 따라 걷는 발길 가볍고
새떼들 하늘 높이 날아오를 때
대지는 훈훈한 기운을 쏟아내고
계곡 물소리 요란하기만 하다

동터 오는 아침 햇살
환희의 봄소식 안내하면

삼라만상은 기지개를 펴며
시나브로 서서히 일어선다

아침 산책

숲은 고요했다
갑자기 휙 하며
한 무리의 바람
내 앞을 지나면서
잠자던 나무들을 깨운다

휘청대는 나뭇가지 따라
부산하게 움직이던 잎들
파도처럼 일렁인다
싱그럽다

바람은 가속도가 붙었는지
산봉우리를 향해 내닫는다
순간 나뭇잎은 비명 지르며
고기떼처럼 퍼덕인다
이내 떨림은 잦아들고
숲은 다시 고요해진다

멀리서, 가까이서 들려오던
산새들의 노래 소리
귀를 간지럽게 한다
자연은 평화다

저 멀리 궤도 따라
힘차게 달리던 열차의 기계음마저도
자연의 소리처럼 들린다
나도 자연의 일부가 될 수 있다면
얼마나 좋을까

지하철 정거장에서

한 무더기 사람들이 열차에서 내리고
그 뒤를 승강대에서 줄서서 기다리던
사람들이 하나 둘 열차 안으로 들어간다
바람은 떠나는 열차를 따라 달려가고
정거장은 잠시 유령들의 흔적처럼
적막감만을 남겨 을씨년스럽기만 하다
그것도 잠깐, 반대쪽 철길 따라
긴 불빛 번쩍이고 경적 소리 들리면
그곳엔 다른 열차가 들어와 멈춘다
이어 열차의 문들이 일제히 열리면
또 다른 한 무더기 사람들이 바삐
내리고 기다리던 사람들이 오른다
어떤 사람들에겐 어딘지 모르지만
반드시 가는 목적지가 있을 것이다
그래서 그들의 삶은 아름다워 보인다
하지만 그렇지 못한 사람들도 있다
가는 목적지가 없어서일 것이다

이 세상에서 인생이라는 열차를
타고 갈 때도 마찬가지이다
목적지가 있는 사람은 행복하겠지만
그렇지 못한 사람은 불행할 것이다
그 목적지를 우리는 본향이라 부른다
그곳은 사랑이 늘 가득한 천국이다

여름날의 오후

이글거리는 태양
가로수 잎은 축 늘어지고
얼굴이 하얀 소녀가
그늘 밑 의자에 앉아
아이스크림을 먹고 있다
강아지 한 마리
그 옆에서 졸고 있다

행인들은 손으로 하늘을 가리거나
빌딩 그늘 속으로 기어든다
폐지를 줍는 할아버지
먼지와 땀으로 범벅이 되어
손수레를 힘겹게 끌면서
맨손으로 연신 땀을 훔친다

조각구름 하나 지나가는 사이
잠시 그늘을 지우던 태양은

슬며시 뜨거운 얼굴을 내보이고
사람들은 숨이 턱에 차 힘들어 한다
낮잠에서 깬 강아지
기지개 펴고 골목길로 사라진다
시간은 소리 없이 흘렀다

무제

사람들 틈에 끼어
태평로 길을 걷고 있었다
이 일 저 일을 생각하며
걷는데 빨간 불이
발걸음을 멈추게 했다
하늘을 쳐다봤다
청잣빛 하늘이 반짝이며
환하게 웃고 있을 때
하얀 새 한 마리 날아갔다
신호등이 초록으로 바뀌고
횡단보도를 건너면서 나는 문득
방금 무엇을 생각하고 있었지
하고 혼자 물어봤다
아무 대답이 없었다
그리고 다시
이 일 저 일을 생각하며
가던 길을 걸어갔다

오월

눈부시게 찬란한 오월
모든 꽃봉오리 벙글 때
내 마음속 사랑도
아름다운 꽃을 피웠습니다.

눈부시게 찬란한 오월
모든 새들 노래할 때
내 마음속 정열도
빠알간 불꽃을 피웠습니다

약속

오늘만큼은 즐겁게 살자
만나는 사람마다
상냥한 미소로 인사하고
예의 바르게 행동하고
아낌없이 칭찬해 주자
오늘 맞이하는 하루가
인생의 시작인 것처럼
기분 좋게 살자
하루에 할 일을 미리 정하고
계획대로 추진해 보자
모든 문제가 단번에
해결되지 않더라도
인내하며 노력하자
매사에 조급해 하지 말고
순리대로 풀어나가자

사랑하는 사람은 늙지 않는다

나 그대를 진정 사랑했었습니다
한때 어쩔 수 없이 헤어졌지만
지금도 그 사랑 감추어진 불씨처럼
마음 속 깊은 곳에 살아 있습니다.

나를 잠시 잊어야 할 때가 있었더라도
나는 당신을 잊은 적이 없습니다
그러니 지금은 기도를 함께하면서
이 목숨 다할 때까지 우리 사랑해요

절대로 잊지 못해 괴로워하지 말고
장래에 대한 계획을 말하면서
나를 당신의 품에 꼬옥 안고
영원히 사랑한다고 말해 주세요

우리의 사랑은 아무도 방해할 수 없습니다
허락만 해 주신다면 저 높은 곳을 향하여

사랑의 날개를 힘껏 퍼덕이고 싶습니다
사랑하는 사람은 늙지 않는다잖아요

감사 일기

아침에 눈뜸에 감사하고
하루라는 시간을 주심에 감사합니다

아내가 정성껏 마련한 조반을
같이 들 수 있음에 감사하고
결혼기념일에 숲길을 함께
걸을 수 있음에 감사합니다

태양의 따스한 손길에 감사하고
풀잎 스친 바람의 속삭임에 감사합니다

이토록 아름다운 세상에
태어났음에 감사하고
싱그러운 숲속에서 들려오는 새소리에
눈물겨운 감동과 환희를 맛볼 수 있음에 감사합니다

나의 가슴을 열고 한 편의 시를
쓸 수 있음에 감사하고
오늘도 가치 있는 삶을 살 수 있게
허락해 주심에 감사합니다.

■ 장석영의 시세계

장석영 시의 두 축
- 기독교시의 새 지평을 위한

유한근
(문학평론가 · 전 SCAU대 교수)

1. 에스프리와 모티프의 연결고리

시인의 에스프리(esprit)는 시 정신, 시 얼을 의미한다. 시인의 첨단적 새로운 정신활동을 의미하며, 창조적인 정신을 의미한다. 이러한 시인의 에스프리는 삶에 대한 체험 인식과 사유의 결과물로서 시인의 고뇌 그리고 환희와 같은 정서를 표현하게 되어 있다. 장석영 시인은 서문 '시인의 말'에서 시인으로서의 시에 대한 견해를 피력한다. "시는 때론 나에게 마음의 노래가 되기도 하고, 추운 겨울 나를 감싸 주는 따뜻한 외투가 되어 주기도 한다. 또한 시를 통해서 세상을 아름다운 존재로 느끼게 하는 힘이 되기도 한다. 그래서 시를 생각하고 백지에 옮기는 순간순간은 나에게 시간을 잊는 시간이 된다. 말하자면 영원으로 통하는 시간이기에 나의 숭고한 종교도 되고 음악도 된다"('시인의 말'에서)가 그것이다. 시인에게 있어 시는 ①마음의 노래가 되고, ②추운 날 추위로부터 감싸 주는 온기가 되고, ③세상을 아름답게 느끼게 해 주고, ④종교가 되고 음악이 되어 준다는 토로가 그것이다. 여기에서 특히 주목되는 부분은 "영원으로 통하는 시간이기에 나의 숭고한 종교도 되고 음악도 된다"는 4번째 발언이다. 시는 시인에게 있어 영원으로 통하게 하는 시간 통로이기 때문에 시인에게는 숭고한 종교도 되고, 영혼을 울리는 음악이 된다는 것이다. 음악이 신비로움과 성스러움으로 연결하는 힘을 지니고 있다고 파악한 시인은 말라르메이다. 그 신비로움과 성스러움은 인류의 시원에서부터 존재한 원초적인 인간 내면의 것이다. 그러나 이러한 내면 공간을 시로 형상화하는 것은 쉽지 않다. 그 쉽지 않은 일에 장석영 시인은 도전하려 한다.

출렁이는 동해 바다
이글대던 붉은 해

수평선 너머로 서서히 가라앉는다

고깃배 몇 척
바다 저쪽으로 사라진다

앞 다투어 날아들던 갈매기들
바닷물에 세수하고
어디론가 떠나 버린다

갑자기 적막해지는 저녁 바다
이따금 철썩대는 파도 소리
교향곡 되어 울려 퍼진다

바다는 모래밭에서
깊은 사색에 잠긴다

— 시 〈저녁 바다〉 전문

  나는 일몰을 볼 수 있는 동해 바닷가를 알지 못한다. 그러나 그것이 사실성과 관련 없는 것처럼 동해안 일몰은 시적 아이러니라는 표현구조를 형상화한다. "출렁이는 동해 바다" 속으로 "이글대던 붉은 해/ 수평선 너머로 서서히 가라앉"을 때, 갈매기는 적막 속으로 사라지고, 파도 소리는 "교향곡 되어 울려 퍼"지고 "바다는 모래밭에서/ 깊은 사색에 잠"기게 된다. 이것이 이 시의 모티프의 전부이다. 파도 소리가 교향곡으로 들리는 것은 시인의 '마음의 노래' 때문이며, 모래밭에서 "깊은 사색에 잠"기는 바다는 곧 시인이다. 시인이 '바다'라는 사물을 자기화하고 있는 부분이다. 바다가 되어 말라르메처럼 신비로움과 성스러움이 존재한다고 인식하는 인류 시원에서 원초적인 인간 내면의 것을 탐색하기 위한 '깊은 사색'에 들어가고 있음을 알 수 있다.

시 〈비 오는 날이면〉에서도 장석영 시인은 "(…)단절된 인연을 잇기 위해/ 두렵고 겸허한 손길로/ 까맣게 세월을 태우고 싶다// 비 오는 날이면/ 또 다른 인연을 찾아/ 말 없는 영혼의 대화로/ 지극한 사랑을 나누고 싶다"고 노래한다. 그리고 "비 오는 날이면/ 잿빛 하늘 아래서/ 기나긴 방황의 날갯짓을 접고/ 무언의 속삭임을 듣고 싶다// 비 오는 날이면/ 잃었던 푸르른 사랑을 향해/ 찬란히 흐르는 그리움 따라/ 그렇게 계속 걷고 싶다"(시 〈비 오는 날이면〉에서)고 노래한다. '무언의 속삭임' '푸르른 사랑' '찬란히 흐르는 그리움'으로 표상된 의미의 정체는 "인류 시원에서 원초적인 인간 내면의 것"인 신비로움과 성스러움일 것이다. 이것이 우리가 풀어야 할 화두다.

장석영 시인의 시는 쉽게 읽힌다. 그러나 그 시가 함유하고 있는 의미는 결코 쉬운 것은 아니다. 그것이 신비로움과 성스러움과 깊은 관련을 가지고 있기 때문이다.

그해 한가위에도
당신은 하루에 열두 번은 더
대문을 향해 두루미처럼 목 길게 뽑고
객지에 나가 있는 자식이
귀성하기만을 기다리셨습니다
막차마저 놓치고
시오리 길을 걸어
밤늦게 고향집에 당도하면
빚던 송편도 한쪽으로 밀어 놓고
공부하느라 힘들었을
이 아들의 어깨를
어루만져 주셨습니다
밤새 짓궂게 내리던 가을비 뚝 그치고
뽕나무밭 등성이로 비껴드는 햇빛이
한층 찬란한 이튿날 아침
서둘러 상경길에 오르면
늘 그러하셨듯이
신문지로 만든 봉지에
삶은 계란과 밤을 담아
가다 먹으라며 손에 꼭 쥐어 주시곤
눈시울을 붉히셨습니다
이제 그만 들어가시라 해도
동구 밖까지 따라오시며
차마 발길을 떼지 못하는 내게
되레 차 시간 늦겠다며

어서 가라 재촉하시던 어머니
그리고 이듬해
별들이 뜨락에 내려와 놀고 가던 날
함께 하늘나라로 떠나셨습니다
가을 햇살보다 더 따사로운
그 손길
오늘따라 무척 그립습니다
　　　　　　　－ 시 〈어머니의 한가위〉 전문

　장석영 시는 위의 시 〈어머니의 한가위〉처럼 쉽게 읽히는 시가 많다. 그것은 이 시에서 보듯이 구어체로 쓴 '귀 밝은 시' 때문만은 아니다. 어머니와 아버지 그리고 가족 관련의 보편적 모티프를 쓰고 있기 때문이기도 하다. 어머니 모티프 시가 위의 시만이 아닌 여러 편이 있다. 그 시들 중에 리얼리티가 강한 이야기가 내포되어 있기 때문에 잘 읽히는 시들이 있다. 그중 하나가 〈어머니의 한가위〉이다. 이 시에서 돋보이는 이미지는 "대문을 향해 두루미처럼 목 길게 뽑고/ 객지에 나가 있는 자식"을 기다리는 어머니. 그리고 이에 더해서 마지막 부분, "그리고 이듬해/ 별들이 뜨락에 내려와 놀고 가던 날/ 함께 하늘나라로 떠나셨습니다/ 가을 햇살보다 더 따사로운/ 그 손길/ 오늘따라 무척 그립습니다"가 그것이다. 그것은 종교적 신비로움과 깊은 관계를 지니고 있기 때문이다. 신비로움과 성스러움은 이미지 측면에서나 의미공간의 국면에서도 하나의 묶음이기도 하다. 그러나 시에 있어서 신비로움은 종교적인 성스러움과 묶여지지 않아도 독자적인 영역을 형성할 수 있다.

2. 신앙 고백과 성스러움의 시

앞에서 개진한 바, "신비로움과 성스러움"은 기독교적 언어이다. 그보다는 종교적 언어라는 국면에서 볼 때, 그 정체가 극명하게 드러날 수 있다. 실존주의자인 사르트르는 작품 속 주인공의 입을 통해 "신은 사망했다"고 말했다. 그러나 "하느님 없이 하느님 앞에 나아가는 신학은 가능할지 몰라도 하느님 없는 기독교문예는 절대로 불가능한 것이다. 그것은 원시인들의 주문이나 무당들의 굿풀이 이상의 값어치를 지니지 못한다"(김우규 편저 《기독교와 문학》)고 말해지는 것처럼 기독교문학은 기독교와 문학이 융합될 때 가능한 영역이다. 그것을 의미한다.

그러나 그동안 기독교시는 일반 독자들로부터 거부당하고 목적시로 폄하되어 왔다. 그렇게 된 것은 신앙의 도그마에 빠져 나오지 못해서이다. 기독교적 "신비로움과 성스러움"이 기독교 신앙 용어가 아닌 일반적인 시어로 표현될 때 그

시는 많은 독자의 사랑을 받을 수 있을 것이다.

　　　당신의 그윽한 눈빛은/ 사랑입니다/ 따뜻한 미소로/ 사붓이 맞아 주시고/ 세상 빛 되시어 밝혀 주시니/ 가는 곳마다 사랑입니다

　　　당신의 넓은 가슴은/ 푸른 초장입니다/ 길 잃어 방황타 돌아와도/ 흔쾌히 받아 주시고/ 품에 안겨 쉴 수 있게 하시니/ 행복합니다

　　　당신의 들찬 두 팔은/ 생명줄입니다/ 사나운 바람 몰아쳐도/ 굳게 잡아 주시고/ 차마 놓칠세라 힘껏 안아 주시니/ 감사합니다

　　　당신의 향기로운 말씀은/ 진리입니다/ 은혜의 생명수로/ 가득 채워 주시고/ 순례길 친구 되어 동행해 주시니/ 온 맘과 정성들여/ 당신을 찬양합니다

　　　이 세상/ 당신의 오심은 / 축복입니다/ 내 인생의 축복입니다
　　　　　　　　　　　　 - 시 〈축복〉 전문(시행 조절 필자)

이 시 〈축복〉은 신앙고백적인 시 혹은 기독교찬양시 등 직접적으로 신앙을 고백하는 시이다. 시인이 말하고자 하는 바 의미나 시 정신, 시인의 에스프리를 직설적으로 노래하고 있다는 점에서는 긍정적 측면이지만, 시적 형상화 문제에서는 부정적 요소를 지니고 있다. 이와 달리 같은 신앙고백적인 시이지만 미적 형상이 보이는 시가 〈서재書齋〉이다.

    남쪽으로 난 창을 열면
    방안으로 몰려드는
    맑은 아침 공기
    창 너머에선
    깊은 잠에서 막 깨어난
    나무들의 기지개 켜는 소리

    사방이 온통
    책으로 둘러싸여
    겨우 책상 하나에
    의자 두 개
    그리고
    벽면에 걸려 있는
    고난 받으시는 예수님 그림

    비좁은 방이지만
    책 냄새가 좋아

방 안에 들어서면
언제나
그대로 눌러앉아
나만의 시간을 만끽하는
유일한 쉼터

어쩌다
지그시 눈을 감고
내일을 위해
생각을 가다듬다 보면
창천蒼天을 향해 비상하는
한 마리 새인 양
마음은 벌써
주님 곁에 와 있네

― 시 〈서재書齋〉 전문

　이 시의 경우에서 전혀 딴청 부리고 있지는 않다. 신앙고백을 쉽게 전언하되, 자신의 일상적 삶과 그 주위의 묘사를 통해서 직설적 발화를 완화시키고 있다는 점이 위의 시 〈축복〉과 다른 점이다. 1연의 "창 너머에선/ 깊은 잠에서 막 깨어난/ 나무들의 기지개 켜는 소리"와 2연의 "벽면에 걸려 있는/ 고난 받으시는 예수님 그림", 그리고 마지막 연의 "책 냄새가 좋아/ 방안에 들어서면/ 언제나/ 그대로 눌러

앉아/ 나만의 시간"과 "창천蒼天을 향해 비상하는/ 한 마리 새인 양/ 마음은 벌써/ 주님 곁에 와 있"다의 이미지와 의미망에서 유기적 구조를 이루어 형상화에 도움을 주고 있다는 점이 다를 뿐이다. 연작시의 한 편인 〈산·4〉도 이런 시각에서 보아도 좋을 것이다. 이 시는 "산은 세상을 품어 안는다/ 뫼 부리에 걸린 구름/ 앞이 막혀 더는 움직이지 못한다"로 시작된다. 그리고 "아침 일찍/ 떠들썩하게 세수하며/ 환하게 웃는" 계곡. 성큼 다가온 봄. 이에 따라 기지개 켜는 '싱싱한 목숨들(새싹)'. 그리고 "새들은 겨울잠에서 깨어나/ 파아란 하늘을 높게 날아오르며/ 마파람 불어오는 소식 전"하는 '자연의 봄' "주님이 지으신/ 삼라만상이/ 참으로 아름답다"(시 〈산·4〉에서)고 노래한다.

하나님께 나아가고자 하는 마음을 기독교에서는 영靈이라 한다. 그리고 육肉은 본능에 따라 살고자 하는 인간의 마음이다. 영성(spirituality)의 사전적 의미는 "신령한 품성이나 성질" 즉 영혼이 지니는 품성을 말한다. 하나님에 대한 체험이 우리의 일상적인 삶의 현장에서 드러나는 양상, 좀 더 자세하게 부연하면, 인간의 총체적인 삶의 의미를 창조주인 하나님과의 관계양식을 그리스도다움으로 성찰하고 추구해 나가는 성질을 기독교에서는 영성이라고 말한다.

좋은 기독교시의 지평은 이 영성을 시적 형상화로 보여주는 시일 때 가능하게 된다. 독자가 읽었을 때 신앙시라는 느낌 없이 그 독자 속으로 들어가 사랑에 대한 실천을 종교적으로 실현할 때 진정한 기독교시가 될 수 있을 것이다. 그러나 그 보다 더 좋은 시는 신앙과는 관련 없이 기본 영성(basic spirituality)만으로도 그 가치를 인식할 수 있도록 인간의 메마른 삶, 고통 받는 삶을 극복하게 하는 시의 힘을 보여 주는 시일 것이다.

3. 절제미와 은유구조

인간의 모습 중 가장 아름다운 모습은 절제된 동작과 언어이다. 동작과 언어는 인간과 인간 간의 소통이기도 하지만, 그것을 표현하기 위한 기본 도구이기도 한다. 그러나 절제된 동작이 아름답듯이, 언어도 절제될 때 아름답다. 그 절제된 언어를 시는 도구로 차용한다. 시라는 형식이 그러하듯이 단아한 몸에 절제된 언어가 더욱 아름답다. 그러나 이를 실현시키기 위해서는 미학적 장치가 필요하다.

① 먹구름 몰려와
장대비 내리던 날

뒤란 장독대에
감꽃 하나 떨어지고

뒷산 깊은 골
뻐꾸기 울음소리
시집간 누이 생각난다

　　　　　　　　　　　　　－ 시 〈감꽃〉 전문

② 시간은 가고
기억은 쌓인다
잃어버린 시간의 기억을
누가 추억이라 했나
향수란
잃어버린 시간에 대한
추억이자 그리움인 것을
상처나 슬픔조차도
지나간 것이기에
아름답고,
생의 근원에 대한 동경을
일깨워 주는 고향
마음의 고향은
늘 그렇게 잃어버린
시간에 자리하고,
향수는

잃어버린 시간을
찾아가게 하누나

　　　　　　　　　　　　- 시 〈향수〉 전문

　위의 두 편의 시는 짧다. ①의 시는 감꽃이라는 구체적인 모티프의 시인데 반해, ②의 시는 고향을 그리워하는 마음이라는 추상적이고 정서적인 '향수'를 모티프로 한 시이다. 그러니까 절제의 대상은 구체적인 사물에 대한 인식뿐만 아니라, 그리움이라는 정서까지도 절제의 대상이 될 수 있음을 보여준다.

　특히 마지막 시행인 "시집간 누이 생각난다"는 그의 또 다른 시 〈찔레꽃 피면〉에서의 누이 이야기가 압축된 시행이다. "태양이 눈부신 오월/ 푸른 숲길을 따라 거닐다 보면/ 나지막한 산허리/ 여기저기 찔레꽃/ 덤불로 피어/ 짙은 향기 피워냅니다// 산속 멀리서 들려오는 뻐꾸기 소리/ 왠지 마음은 설레고/ 흐르는 흰 구름 바라보며/ 잠시, 그리운 옛날로 돌아갑니다// 어린 시절,/ 우리 누나 시집가고/ 어머니 손잡고 외가에 가던 날/ 찔레꽃 곱게 피는 언덕에 올라/ 당신은 찔레 순 꺾어 주곤/ "찔레꽃 필 무렵엔 딸네 집에도/ 안 간다"며 눈시울을 붉히셨지요// 꿈마저 시들어 버린/ 가난했던 시절이었지만/ 어머니는 늘 하얀 찔레꽃처럼/ 인자한 미소를 잃지 않으셨습니다// 가냘프게 피어난 찔레꽃/ 가까이 다가가 보니/ 맑게 웃는 어머니 얼굴입니다./ 향기를 맡아 봅니다/ 숨 막힐 듯 강열한 것이/ 어머니 살 냄새와 같습니다// 당신은 언제나 순박한 아름다움/ 어머니, 당신이 그립습니다"(시 〈찔레꽃 피면〉 전문)가 그것이다.

①〈감꽃〉은 "먹구름 몰려와/ 장대비 내리던 날// 뒤란 장독대에/ 감꽃 하나 떨어지고" 그리고 그것과는 관계없지만 "뒷산 깊은 골/ 뻐꾸기 울음소리"가 들릴 때, "시집간 누이"가 생각나서 부르는 노래이다. 감정을 절제하기 위해 끌어온 이미지는 장대비와 떨어진 감꽃, 그리고 뻐꾸기의 울음소리를 자기화한 이미지이다.

이에 반해 ②의 시 〈향수〉는 "향수란/ 잃어버린 시간에 대한/ 추억이자 그리움인 것을/ 상처나 슬픔조차도/ 지나간 것이기에/ 아름답"다라는 아포리즘적인 시구절로 절제미를 대신한다. 이러한 시적 표현을 시에 대한 보수주의자들은 구체적이지 못하다는 이유로 거부한다. 그러나 그것이 시적 대상에 대한 인식을 사유적인 언어로 할 때는 오히려 효과적으로 보일 것이다. 이렇듯 많은 시에서 절제미를 구현한다.

만나면
언젠가

반드시 헤어진다는
이치
산 자라면
누군들 모르겠냐만

살아가는 것
자체가
이별의 연습인데

찬란한 태양
바라보며
두 줄기 눈물
하염없이
흐르는 까닭은……

— 시 〈이별 연습〉 전문

   위의 시 〈이별 연습〉에서의 핵은 "찬란한 태양"을 "바라보며/ 두 줄기 눈물/ 하염없이/ 흐르는 까닭은" 이별 연습이라는 인식이다. 이 인식은 우리 삶의 많은 것을 생각하게 해 준다는 절제된 구절이다. 노을을 바라보며 눈물 흘리는 까닭을 '회자정리'보다는 살아가는 것으로 곧 이별 연습이라고 인식하는 것은 이별과 죽음뿐만 아닌 우리 삶의 모든 현상과 본질을 환기해 주고 있어 주목된다.

이와 같은 맥락의 다른 시는 〈바닷가를 거닐며〉이다. "해는 지고 저녁별 빛나는데/ 어디선가 부르는 맑은 목소리/ 바다는 거품 없이 잔잔하고/ 이따금씩 바위에 철석대기만 한다// 황혼에 울려 퍼지는 저녁 종소리/ 그 뒤로 잦아드는 어둠/ 내일이면 떠나야 하는/ 이별의 슬픔 아는지// 바다는 회색이고/ 먼 육지는 먹빛인데/ 노란 반달은 산 위에 떠 있다// 잔물결은 둥근 고리를 이루며 뛰어오르고/ 나는 바닷가를 거닐며/ 젊은 날의 추억에 젖는다/ 바람은 따스하고/ 해당화는 짙은 향기를 보낸다/ 바닷가 상점들/ 앞다투어 불을 켜고/ 상인들의 걸쭉한 목소리/ 기쁨과 기대로 심장 뛰는 소리처럼 들린다// 그 너머로/ 바다는 차츰/ 고요히 잠에 빠진다"(시 〈바닷가를 거닐며〉 전문)에서의 "황혼에 울려 퍼지는 저녁 종소리/ 그 뒤로 잦아드는 어둠/ 내일이면 떠나야 하는/ 이별의 슬픔"이 주목되는 부분이다. 이별의 슬픔을 황혼에 울려 퍼지는 저녁 종소리로 인식하고 있는 것이 시각적 이미지에서 청각적 이미지로 공감각 전이하고 있는 것이 그것이다.

나비가 바위에 앉는다
날아간다
그 자리에 발자국이 남아 있지 않는다

내가 앉아 있던 의자
이 자리에도 내가 떠나면
아무 것도 남아 있지 않는다
내가 살다간 이 자리
나의 아무 것도 남아 있지 않겠지
인생은 짧고
예술은 길다고 하지만
내가 가고 나면
나의 시들도 그것으로 끝나고 말 것이다
호수에 구름이 잠겼다
가고 나면 그 자리에 남는 것이 없듯
모두 그런 것이 아닐까

― 시 〈빈자리〉 전문

시 〈빈자리〉는 "내가 살다간 이 자리"에 대한 감각적 인식과 이를 기반으로 한 시적 화자의 '시'에 대한 인식을 표현한 시이다. 내가 이 세상에 살다간 이 삶의 자리를 '나비가 바위에 앉았다 날아간 자리'로 비유한다. 《장자》의 '호접몽'의 서사 비유를 차용하였다. "내가 가고 나면/ 나의 시들도 그것으로 끝나고 말 것이"라는 시적 화자의 시의 수명을 "호수에 구름이 잠겼다/ 가고 나면 그 자리에 남는 것이 없듯"이라고 비유한다. 자연물을 통해 은유구조를 차용한다.

4. 사랑에 대한 인식과 새 지평

  기독교 사상의 중심 키워드는 '사랑'이다. 장석영 시인의 전 시편을 관통하고 있는 모티프는 '사랑'이다. 그 사랑은 다의적 의미를 지닐 수 있다. 이 시집의 표제시인 〈사랑하는 사람은 늙지 않는다〉를 보자.

나 그대를 진정 사랑했었습니다
한때 어쩔 수 없이 헤어졌지만
지금도 그 사랑 감추어진 불씨처럼
마음 속 깊은 곳에 살아 있습니다

나를 잠시 잊어야 할 때가 있었더라도
나는 당신을 잊은 적이 없습니다
그러니 지금은 기도를 함께하면서
이 목숨 다할 때까지 우리 사랑해요

절대로 잊지 못해 괴로워하지 말고
장래에 대한 계획을 말하면서
나를 당신의 품에 꼬옥 안고
영원히 사랑한다고 말해 주세요

우리의 사랑은 아무도 방해할 수 없습니다

> 허락만 해 주신다면 저 높은 곳을 향하여
> 사랑의 날개를 힘껏 퍼덕이고 싶습니다
> 사랑하는 사람은 늙지 않는다잖아요
>   - 시 〈사랑하는 사람은 늙지 않는다〉 전문

  이 시에서의 '그대' '당신'은 시적 화자인 '나'의 대상이다. 그러니까 '우리' "우리 사랑"은 시적 화자인 '나'와 '그대' '당신'으로 지칭되는 대상이다. '그대' '당신'은 특정한 사람일 수도 있지만, 신앙적 인식으로 볼 때는 '신'이다. 기독교의 하느님이고 인간을 주관하는 절대자이다. 영원히 사랑할 수 있는 대상이다.

  그래서 시적 화자는 "아무도 방해할 수 없"는 우리 사랑을 "허락만 해 주신다면 높은 곳을 향하여/ 사랑의 날개를 힘껏 퍼덕이고 싶"다고 노래로 기도한다. "사랑하는 사람은 늙지 않는다잖아요"라고 기도한다.

  "한 마디 고백도 하지 못하고/ 슬프게 맞은 이별이지만/ 마침내 붉디붉은 꽃으로 피어났구나// 그토록 기나긴 세월/ 그리워 그리워서/ 속세에 다시 태어났지만/ 영원히 이룰 수 없는 사랑이란다"라고 노래하는 시 〈꽃무릇 사랑〉에서는 '꽃무릇 사랑'을 "숨바꼭질 같은 운명이기에/ 그 붉음이 더없이 가엾은" 사랑으로 인식한다. '꽃무릇 사랑'의 사전적

의미는 없다. '꽃+무릇+사랑'의 복합어로 이해할 때, 그것은 "꽃 필 무렵의 사랑" "대저 꽃 같은 사랑"으로 이해될 수 있을 것이다. 그러나 위의 인용한 시 구절로 볼 때, '꽃무릇 사랑'은 영원히 맺어질 수 없는 사랑을 의미한다.

    (…)
    잠시 햇빛 머무는 사이
    긴 속눈썹
    토해 내는 선혈은
    산등성이를 붉게 물들이고
    가을은 슬픈 사랑을 보듬는다
                         - 시 〈꽃무릇 사랑〉에서

위에서 인용한 구절이 그렇듯 슬픈 사랑의 이미지가 '꽃무릇 사랑'이다. '꽃무릇 사랑'의 이미지를 "잠시 햇빛 머무는 사이/ 긴 속눈썹/ 토해 내는 선혈"로 인식하고 있다. '꽃무릇 사랑'이 "산등성이를 붉게 물들"이면 가을은 그 "슬픈 사랑을 보듬는다"가 그것이다.

  시 〈지하철 정거장에서〉을 읽으면, "군중 속에서 유령처럼 나타나는 유령들/ 까맣게 젖은 나뭇가지 위의 꽃잎들"로 시작되는 에즈라 파운드의 〈지하철 정거장에서〉가 떠오르게 된다. "한 무더기 사람들이 열차에서 내리고/ 그 뒤를 승강대에서 줄서서 기다리던/ 사람들이 하나 둘 열차 안으로 들어간다/ 바람은 떠나는 열차를 따라 달려가고/ 정거장은 잠시 유령들의 흔적처럼/ 적막감만을 남겨 을씨년스럽기만 하다/ 그것도 잠깐, 반대쪽 철길 따라/ 긴 불빛 번쩍이고 경적 소리 들리면/ 그곳엔 다른 열차가 들어와 멈춘다/ 이어 열차의 문들이 일제히 열리면/ 또 다른 한 무더기 사람들이 바삐/ 내리고 기다리던 사람들이 오른다/ 어떤 사람들에겐 어딘지 모르지만/ 반드시 가는 목적지가 있을 것이다"가 그것이다. 에즈라 파운드의 시가 극도로 절제된 이미지를 충격적으로 보여준 데 반해 장석영 시인의 시는 도심 지하철 정거장의 낮의 분주함과 밤의 적막함을 대비적으로 보여주면서 '목적지'라는 의미망을 조망한다.

      (…)
      그래서 그들의 삶은 아름다워 보인다
      하지만 그렇지 못한 사람들도 있다
      가는 목적지가 없어서일 것이다
      이 세상에서 인생이라는 열차를
      타고 갈 때도 마찬가지이다
      목적지가 있는 사람은 행복하겠지만
      그렇지 못한 사람은 불행할 것이다

> 그 목적지를 우리는 본향이라 부른다
> 그곳은 사랑이 늘 가득한 천국이다
>   - 시 〈지하철 정거장에서〉에서

 위의 인용문에서 보듯이 이 시 〈지하철 정거장에서〉는 목적지가 있는 사람의 삶은 아름다워 보이고 행복하다는 것과 그 목적지는 '우리의 본향'이며, "사랑이 늘 가득한 천국"이라는 인식이 에즈라 파운드의 동명시와 다른 점이다.
 그리고 한편으로, 장석영 시는 다른 각도에서 탐색되어도 좋을 것이다. 그 한 예의 시가 〈여름날의 오후〉이다.

> 이글거리는 태양
> 가로수 잎은 축 늘어지고
> 얼굴이 하얀 소녀가
> 그늘 밑 의자에 앉아
> 아이스크림을 먹고 있다
> 강아지 한 마리
> 그 옆에서 졸고 있다
>
> 행인들은 손으로 하늘을 가리거나
> 빌딩 그늘 속으로 기어든다
> 폐지를 줍는 할아버지

먼지와 땀으로 범벅이 되어
손수레를 힘겹게 끌면서
맨손으로 연신 땀을 훔친다

조각구름 하나 지나가는 사이
잠시 그늘을 지우던 태양은
슬며시 뜨거운 얼굴을 내보이고
사람들은 숨이 턱에 차 힘들어 한다
낮잠에서 깬 강아지
기지개 펴고 골목길로 사라진다
시간은 소리 없이 흘렀다
　　　　　　　　－시 〈여름날의 오후〉 전문

　위의 시는 여름날의 어느 오후 풍경을 절제된 이미지로 묘사한 시이다. 여름 한낮, 나무 밑 의자에 앉은 소녀. 그 옆에서 졸고 있는 강아지. 손수레 끌고 가는 폐지 줍는 할아버지. 숨이 턱에 차 힘들어 하는 사람들. 낮잠에서 깬 강아지는 기지개 펴고 골목길로 사라지는데, 시간은 소리 없이 흐른다고 이 시는 묘사한다.
　이렇게 절제된 언어로, 감정이 극도로 배제된 이미지의 시는 장석영 시의 한 축에서 시의 음악성으로, 신비로움과 성스러움으로의 공간을 구축하고 있다. 음악성을 구현하는 문학 작품은 신비로운 방식으로 성스러운 세계를 전달할 수 있다. 이러한 방식은 시를 하나의 구조로 만드는 말라르메 시에서 창작원리를 찾을 수 있을 것이다. 그것은 음성적 휴지인 침묵을 시각적인 이미지로 공감각 전이시켜 모티프를 전언하는 방식이다. 이것이 장석영 시의 또 다른 한 축이다.

    요컨대, 장석영 시를 관통하는 모티프는 '사랑'이다. 그것은 때때로 인간적인 사랑이기도 하지만, 전반적인 모티프는 기독교적 사랑이라는 점에서 그의 시는 종교적 지평에서 성취될 것으로 보인다.

빛나는 시 100인선 · 072
장석영 시집

사랑하는 사람은 늙지 않는다

초판 인쇄 | 2017년 12월 27일
초판 발행 | 2017년 1월 3일

지은이 | 장 석 영
펴낸이 | 서 정 환
펴낸곳 | 인간과문학사

주   소 | 서울특별시 종로구 삼일대로 32길 36
          305호(익선동, 운현신화타워빌딩)
전   화 | 02)3675-3885, 063)275-4000
등   록 | 제300-2013-10호
e-mail | human3885@naver.com
         inmun2013@hanmail.net

값 12,000원

ISBN 979-11-6084-049-0   04810
ISBN 978-89-969987-4-7   (전 100권)

* 저자와 협의하여 인지는 생략합니다.
* 잘못된 책은 바꿔 드립니다.

이 도서의 국립중앙도서관 출판예정도서목록(CIP)은 서지정보유통지원
시스템 홈페이지(http://seoji.nl.go.kr)와 국가자료공동목록시스템(http:
//www.nl.go.kr/kolisnet)에서 이용하실 수 있습니다.
(CIP제어번호: CIP2018000039)